Miska Rantanen

Kalsarikänni

GOLDMANN

Lesen erleben

Miska Rantanen

Kalsarikänni

**Vom großen Spaß, sich allein zu Hause
in Unterwäsche zu betrinken**

Aus dem Finnischen
übersetzt von Tanja Küddelsmann

Illustriert von Mari Huhtanen

GOLDMANN

Die finnische Originalausgabe erschien 2018 unter dem Titel
»Kalsarikänni. Suomalainen opas hyvään elämään«
bei Kustantamo S & S, Helsinki.

 Dieses Buch ist auch als E-Book erhältlich.

Verlagsgruppe Random House FSC® N001967

1. Auflage
Deutsche Erstausgabe Januar 2019
Copyright © 2019 by Wilhelm Goldmann Verlag, München,
in der Verlagsgruppe Random House GmbH,
Neumarkter Straße 28, 81673 München
Copyright © Miska Rantanen, 2018
Published by agreement with Helsinki Literary Agency (Helsinki, Finland).
Umschlaggestaltung: UNO Werbeagentur, München,
in Anlehnung an die Gestaltung der finnischen Originalausgabe
(Cover, Design und Illustrationen: © Mari Huhtanen, Kilda, 2018)
Fotos auf S. 12, 38, 58, 78, 90, 114, 130, 136, 144, 162 und 170
© Sameli Rantanen, alle anderen © Pexels
Illustrationen auf S. 102 und 103 © thisisfinland.fi | Ministry of Foreign Affairs
of Finland
Lektorat: Doreen Fröhlich
DF · Herstellung: kw
Satz: Uhl + Massopust, Aalen
Druck und Einband: Druckerei DZS Grafik, Llubljana
Printed in Slovenia
ISBN 978-3-442-15965-9
www.goldmann-verlag.de

Besuchen Sie den Goldmann Verlag im Netz:

Für Stella, Jallu und Santtu

Inhalt

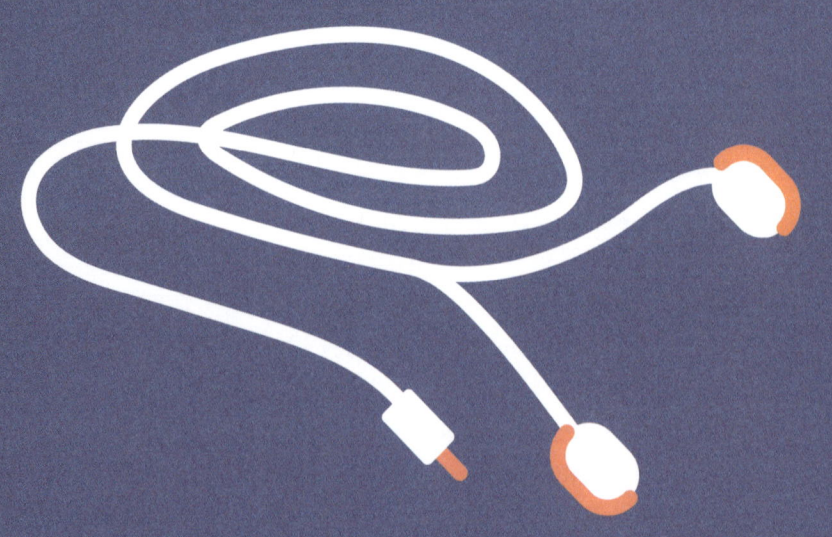

Prolog

Kommt dir das bekannt vor?

Es ist der Abend eines langen Tages. Wieder mal hat eine Konferenz die andere gejagt. Die meisten Kunden sind dir reichlich auf die Nerven gegangen, aber du hast dir nichts anmerken lassen – eine oscarreife Meisterleistung! Dein Gehirn läuft auf Hochtouren, denn dieser Tag hielt jede Menge Überraschungen bereit, auf die du schnell reagieren musstest.

Als du nach Hause kommst, stellst du erleichtert fest, dass alles, was zu erledigen war, erst einmal abgehakt ist. Du kannst zufrieden sein. Noch wäre Zeit, mit den Kunden auszugehen und bis spät in die Nacht zu netzwerken. Ein paar Drinks könntest du tatsächlich gebrauchen, aber du beschließt, dein heimisches Nest heute nicht mehr zu verlassen.

Denn du bist vorbereitet. Heute Morgen hast du vorsorglich den Kühlschrank mit dem vorzüglichen Craft

Beer aus dem Supermarkt um die Ecke gefüllt. Außerdem hast du bei der Gelegenheit noch einen Piccolo Sekt und eine kleine Flasche Schnaps kühlgestellt und eine Auswahl an süßem und salzigem Knabberzeug bereitgelegt.

Am Tag ist es heiß hergegangen, aber jetzt ist wenigstens das Bier kalt. So schnell wie nur möglich lässt du deine Businesshüllen fallen. Es ist ja kein Geheimnis, dass offizielle und repräsentative Kleidung gleichzeitig auch immer unbequem ist und irgendwo kneift. Der genussvollste Moment des Ausziehens kommt zum Schluss, wenn man langsam die Füße aus den durchgeschwitzten Socken schält. Für dieses Gefühl müsste eigentlich ein eigenes Wort erfunden werden. Du schleuderst die Socken quer durch den Raum – und bist endlich frei von den Fesseln der Zivilisation!

Dann lässt du dich in Unterwäsche auf dem Sofa nieder und stößt einen Seufzer der Erleichterung aus – aber das Beste kommt erst noch: Aus dem Kühlschrank holst

du dir eine Flasche Bier, die in der Wärme des Zimmers sofort beschlägt. Wie immer läuft die Zusammenarbeit von Flaschenöffner, Muskelkraft und Kronkorken mühelos: *tschsch*.

Du nimmst die Fernbedienung in die Hand, überspringst schnell die Nachrichtenkanäle – der Goldpreis, der dich tagsüber so beschäftigt hat, ist jetzt nicht mehr relevant. Erst bei den

Reality-TV-Kanälen ist es an der Zeit, innezuhalten und den ersten Schluck Bier zu nehmen. Und den zweiten. Wenn das erste Bier getrunken ist, holst du dir ein zweites und schenkst dir bei der Gelegenheit noch eineinhalb Fingerbreit Whisky ein. Die Chipstüte öffnest du liebevoll wie ein filigranes Schatzkästchen.

Allmählich weicht die Spannung aus deinen Schultern, und die Wärme wandert in die Fingerspitzen. Du lümmelst dich in eine bequemere Sitzposition.

Auf dem einen Sender heißt es, kommenden Herbst sei ein blasses Orange angesagt. Klick. Beim nächsten verpaaren sich junge Leute, die auch noch den letzten Rest ihrer Würde verloren haben, gegen Geld auf einer tropischen Insel. Klick. Auf dem dritten Kanal zeigt eine Wackelkamera, wie man im Do-it-Yourself-Verfahren sein Auto reparieren kann. Die Federungsbauteile gab es günstig im Internet.

Die Autoschrauber haben stramme Deadlines, aber du – du musst nirgendwohin.

Zeit für Kalsarikänni.

I.
Einführung:
Das finnische Zen

Was ist Kalsarikänni? Welche Philosophie steckt dahinter?
Was unterscheidet es von Lagom und Hygge?

Kalsarikänni entspannt und bringt dich runter, in Zeiten, in denen die Welt unübersichtlich geworden ist. Schlagzeilen im Riesenformat wollen uns einreden, das Ende stehe kurz bevor. Es ist schwierig zu unterscheiden: Was sind Fake News, was sind echte Nachrichten – und was ist beides? Klimawandel, internationaler Terrorismus, Autotune-Musik, demokratisch gewählte Präsidenten, Schönheits-OPs alternder Promis – jede Nachricht klingt schlimmer als die vorherige.

Die nordischen Länder hatten schon immer ihre eigenen Rezepte gegen den Weltschmerz. Wenn die Welt

da draußen von Stürmen erschüttert wird, weiß der fried-
liebende Nordländer, dass jeder einzelne Mensch unmöglich alles selbst beeinflussen kann. Aber durch das eigene
Handeln und die persönlichen Entscheidungen kann
man die Dinge für sich und seine Liebsten leichter oder
wenigstens etwas erträglicher machen.

Die Schweden und Norweger bringen diese Philosophie im Begriff *Lagom* auf den Punkt, der gleichzeitig eine
Weisheit und eine Lebensregel ist. Er lässt sich mit Begrif-
fen wie »maßvoll«, »stimmig« oder »im Gleichgewicht«
übersetzen. Wenn Dinge *lagom* sind, dann ist alles genau am richtigen Platz, nicht zu viel und nicht zu wenig.
Lagom ist demokratisch, ökologisch und trifft in vielerlei
Hinsicht den Kern des nordischen Lebensgefühls.

Und das ist gleichzeitig auch sein Problem. Obwohl
Lagom nahezu alle Ziele eines guten Lebens in sich ver-
eint, passt sein puritanischer Ansatz nicht zu unserer
aktuellen Realität. Denn der verantwortungsbewusste

Mensch von heute ist ein Individualist, der seine Entscheidungen frei treffen, die Herausforderungen des Alltags vergessen und auch mal die Sau rauslassen will. Das Problem von *Lagom* liegt im Kerngedanken des Gutmenschenethos: Ein Gutmensch kann sich nie gehen lassen, weil er immerzu seine ethischen Entscheidungen hinterfragen muss. Getreu dem Motto: Sicherheit gibt nur das, was vorhersehbar ist. Aber hey, gilt das nicht auch für den Tod?

Dänemark wiederum ist berühmt für *Hygge*: sich in die Stimmung fallen lassen, entschleunigen und den Moment genießen. *Hygge*, das ist ein Becher Kakao auf dem Sofa, im warmen Kerzenschein, und draußen vor dem Fenster stiebt friedlich der Schnee. Während *Lagom* eine geistige Einstellung und Lebensphilosophie ist, kann man *Hygge* erreichen, indem man sein physisches Umfeld verändert. Und es stimmt ja auch: Man müsste schon komplett gefühlskalt sein, wenn eine Wolldecke, ein Kaminfeuer, ein saftiger Biobrie, ein weicher Rotwein und ein Regal voller ledergebundener Bücher nicht diese segensreiche Passivität verursachen würden, die einen alle Probleme der Welt vergessen lässt.

Hygge, das ist das wohlbekannte Abziehbild aus Einrichtungszeitschriften und Lifestyle-Blogs. Und genau das ist auch eines seiner Probleme: Nicht jeder hat das nötige Kleingeld, sich den Kamin ins Wohnzimmer

mauern zu lassen, in dem dann an einem stürmischen Herbstabend wohlig die Birkenscheite knistern. *Hygge* ist wie ein Disney-Film – keine Spur von Hämorrhoiden, Tränen des Selbstmitleids und undefinierbaren Flecken. Kurz: Es fehlt das echte Leben.

Daher entscheidet sich der Finne aus der Palette der nordischen Überlebensstrategien nicht für *Hygge* oder *Lagom*, sondern für das handfeste *Kalsarikänni*, das flexibel an jede Situation angepasst werden kann – von rustikal bis distinguiert. Es lässt sich individuell auf jeden Ort der Welt, jede Situation, jedes Umfeld und jede Stimmung zuschneiden.

Für *Kalsarikänni* braucht es keine Umbauten und Aufräumaktionen. Es ist preisgünstig und demokratisch, wirkt schnell und ist für alle über 18 geeignet.

Kalsarikänni gibt einem die Möglichkeit, total und wahrhaftig zu entspannen.

Kalsarikänni ist eine schnelle und effiziente Methode, den stressigen Alltag hinter sich zu lassen.

Kalsarikänni kommt ohne Schauspielerei aus: Davon postet man keine stimmungsvollen Bilder auf Instagram.

Kalsarikänni ist *echt und ungekünstelt*.

Die entspannende Wirkung von Kalsarikänni beruht ganz einfach auf folgenden Bestandteilen: bequeme Kleidung, eine moderate Menge Alkohol und angenehme kleine Pusseltätigkeiten. Trotzdem reicht es nicht, diese Elemente einfach nur so gut wie möglich umzusetzen. Richtig verstanden, setzt Kalsarikänni eine geistige Offenheit voraus, ebenso wie die Bereitschaft, sich dem Moment hinzugeben. In dieser Hinsicht ist die spirituelle Seite von Kalsarikänni eng mit *Mindfulness* verwandt, der Bewusstheits- und Achtsamkeitskunst, in der es darum geht, den Moment ganz zu leben, wahrzunehmen und zu akzeptieren. Doch während Mindfulness unter anderem mit verschiedenen Atemtechniken arbeitet, erreicht Kalsarikänni sein Ziel – die totale Entspannung – über den direkten Weg physischer Substanzen.

Stimmen zu Kalsarikänni

»Ich habe Kalsarikänni kennengelernt, da war ich noch keine dreißig und mein Leben an vielen Fronten unnötig hektisch. Ich wohnte damals in einer WG, wo auch dem gemeinsamen Kalsarikänni gefrönt wurde: Wir lümmelten in löchrigen Jogginghosen auf dem Sofa und pichelten bei Reality-TV-Serien oder irgendwelchen anderem Schrott vor uns hin. Häufig endeten diese entspannten Abende allerdings darin, dass wir uns rund um den Küchentisch doch noch schminkten, um in den nächsten Club zu fahren und dort noch eine Stunde zu tanzen. Das waren Zeiten! Heute, als berufstätige Mutter, liebe ich den Moment, wenn meine Familie im Bett liegt und ich mich mit einem großen Glas Rotwein und einer guten Serie aufs Sofa fallen lassen kann. Sorgfältig aufgebautes, moderates Kalsarikänni hilft mir sogar beim Einschlafen, und am nächsten Morgen gehe ich erfrischt zur Arbeit.«

– Cheflektorin, 42

»Beim Kalsarikänni klicke ich mich oft durch Wirtschaftsdaten und sehe mir die Umsätze einzelner Firmen an. Oder ich lasse mich durch YouTube treiben. Unter den Suchwörtern *Eishockey* oder *Eurodance* findet man so einiges. Ich schaue kein einziges Video bis zum Ende, sondern lasse mich von den empfohlenen Videos im Seitenbalken leiten und entferne mich so immer weiter vom ursprünglichen Thema.«

– Schlosser, 36

2.
Warum Kalsarikänni?

Kalsarikänni als Produkt der finnischen Kultur.
Nicht nur alltagstauglich. Dimensionen des Kalsari-
känni. Körperübungen.

Was also ist Kalsarikänni? Kalsarikänni [kʌl-sʌ-rɪ-kæn-nɪ] setzt sich aus zwei finnischen Wörtern zusammen: *kalsari* für Unterhose und *känni* für Dusel oder Schwips. Diese treffende Wortkombination sagt alles. Das Wort bedeutet in seiner ganzen Einfachheit, zu Hause in Unterwäsche Alkohol zu konsumieren, ohne das Vorhaben, das Haus noch einmal zu verlassen. Die Genialität der Definition liegt in dem, was sie alles nicht beinhaltet. Der Leitgedanke von Kalsarikänni ist die beabsichtigte Absichtslosigkeit. Liegt das Start- und Zielniveau bei null, ist bereits eine kleine Leistung gleichbedeutend mit einem Erfolg. Ergo: Man gewinnt häufig und verliert selten.

Kalsarikänni als Produkt der finnischen Kultur

Kalsarikänni als Philosophie steht nicht im Widerspruch zu *Lagom* und *Hygge*. Im Gegenteil, sie gehören zur selben nordischen Gattung und haben einen gemeinsamen Kern. Der Gedanke, der hinter all diesen Konzepten steht, ist das Streben nach größtmöglicher innerer Ruhe und Balance, nach Lebensfreude, Gemütlichkeit und Erholung. Jede dieser Denkrichtungen wurde in der Entwicklung zu ihrer heutigen Form von der jeweiligen Geschichte, Kultur und Mentalität ihres Landes beeinflusst.

Für die Analyse der Unterschiede zwischen *Lagom*, *Hygge* und *Kalsarikänni* bietet sich ein Blick auf die ökonomische Entwicklung dieser Länder an, denn historisch ist der Wohlstand in Dänemark, Norwegen und Schweden stärker verankert als in Finnland.

Der wirtschaftliche Erfolg Dänemarks erklärt sich durch die früh entwickelte Landwirtschaft und Industrie. Geografisch liegt das Land am Kreuzungspunkt vieler Handelsrouten, was den Wohlstand Dänemarks über Jahrhunderte beflügelt hat. Schweden wiederum ist im Mittelalter durch Erzvorkommen und im postindustriellen Zeitalter durch Selbstbaumöbel reich geworden. Kulturelle Sporen hat sich das Land an der Popmusikfront (s. Eurovision Song Contest und Abba) und mit Streamingdiensten erworben. Norwegen war lange vor allem für Dorsch und Hering bekannt, bis man in den 1960er Jahren beschloss, Löcher in den Meeresboden zu bohren. Seitdem hat das Land dermaßen unvorstellbare Ölvorkommen, dass von Maßhalten im Sinne des *Lagom* keine Rede mehr sein kann, und das, obwohl man das Wort in Norwegen in derselben Form und Bedeutung kennt wie in Schweden.

Finnland, seit jeher frei von jeglichen Bodenschätzen, war lange eine Agrargesellschaft. In dem dünn besiedelten Land lagen die am Existenzminimum wirtschaftenden Bauernhöfe Dutzende Kilometer auseinander, und auch später in der Stadt mied man seine Nachbarn nach altem Brauch. Die wichtigsten Exportgüter des Landes waren Holzteer und Butter. Seit den 1850er Jahren ist

Holz in allen nur denkbaren Formen das Hauptexportgut, doch später erweiterte man die Produktpalette, unter anderem um Maschinen, Erdölprodukte und Elektronik (u. a. Mobiltelefone) sowie Darudes Song *Sandstorm* und die Angry Birds.

Die geistigen Wurzeln des Kalsarikänni sind leicht zu verstehen, wenn man einmal einen Blick aus dem Fenster auf den finnischen November wirft. Es ist  stockdunkel, kalt, Regen oder Schneeregen fegen waagerecht durch die Straßen, die Erde ist mit Eis oder Schneematsch bedeckt, alles ist wie ausgestorben, und der Weg zu anderen Menschen ist viel zu weit. Und dabei ist es gerade mal Mittag, die hellste Zeit des Tages.

Kalsarikänni ist als Produkt der finnischen Kultur zweifellos genau in diesen düsteren, regnerischen und freudlosen Monaten entstanden, in denen es wegen des Wetters eine unüberwindbare Herausforderung ist, das Haus zu verlassen. Von diesen Monaten gibt es in Finnland neuneinhalb.

Kalsarikänni ist die weiterentwickelte Version des *Sisu*. Niemand kann schließlich 24/7 den Sumpf trockenlegen oder Geschäfte machen. Sisu, diese andere wesentliche finnische Eigenschaft, bedeutet im besten Sinne Zähigkeit, Starrköpfigkeit, Unnachgiebigkeit. Aber Sisu hat auch eine dunkle Seite: Falsch angewendet, lässt es einen ausbrennen, zumindest wenn man blauäugig die Heldengeschichten früherer Generationen geglaubt hat, in denen man sich eigenhändig ein Haus baute, seine Examensarbeit schrieb, Kinder großzog, nebenbei noch Wölfe jagte und im Winterkrieg Einheiten der Roten Armee einkesselte.

Kalsarikänni hingegen ist menschenfreundlich und braucht keine Extreme. Es belastet nicht, sondern wirkt ausgleichend.

Dunkelheit, Kälte und die weiten geografischen Entfernungen zeigen, warum Kalsarikänni in finnischen Verhältnissen entstanden und kultiviert worden ist. Sonst könnte man das Leben dort gar nicht aushalten! Einem Finnen sollte man besser nicht so genau beschreiben, in welchen Verhältnissen viele Mitteleuropäer leben: Das Mittelmeer, die Alpen oder romantische Weinbaugebiete sind nur wenige Autostunden entfernt. In

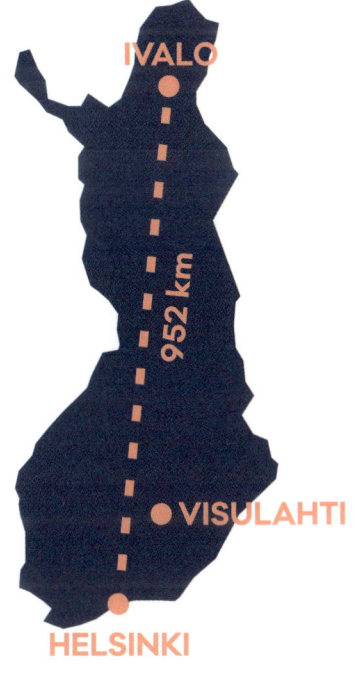

Finnland ist neben Norwegen und Schweden das freieste Land der Erde

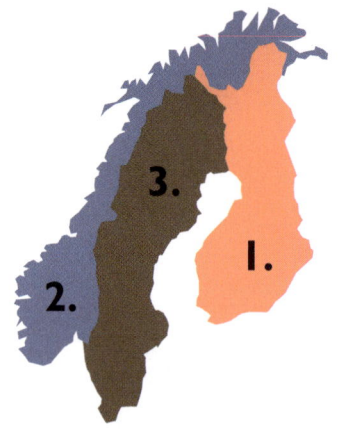

1. Finnland
2. Norwegen
3. Schweden
4. Kanada
5. Die Niederlande
6. Australien
7. Luxemburg
8. Neuseeland
9. Uruguay
10. Barbados

Quelle: Freedom House

derselben Zeit hat ein Finne gerade mal die Hälfte der Strecke in die nächste Stadt bewältigt.

Das nordische Konzept der Gleichberechtigung erstreckt sich natürlich auch auf Theorie und Praxis des Kalsarikänni. Obwohl die Einkommensschere zwischen Männern und Frauen selbst in Finnland immer noch auseinanderklafft, ist das gemütliche Bechern auf dem heimischen Sofa ein Grundrecht jeglicher Geschlechter, sei die Identität nun männlich, weiblich, LGBT oder Computernerd.

Der Vormarsch der Gleichberechtigung hat Frauen einerseits mehr gesellschaftliche Macht und Verantwortung eingebracht, andererseits aber auch die Schattenseiten der Wirtschaftswelt freigelegt. Wenn eine Frau sich zwischen Familie und Karriere entscheiden muss, fällt die Entscheidung gerne mal in letzter Minute zum Vorteil der Firmeninvestoren aus.

Dimensionen des Kalsarikänni

Kalsarikänni ist die Kunst der totalen Bewusstheit und Entspannung. Es hilft, den Stress und die Frustrationen des Arbeitslebens auszugleichen, und zwar mithilfe einer Kombination aus durch Gärung erzeugten Alkoholika, selbst gewählten Kontakten und bequemer Kleidung. Kalsarikänni ist die legitime und umweltschonende Art des einfachen Bürgers, es sich richtig gutgehen zu lassen.

Es bedeutet, den Abend zielgerichtet, aber ohne Erfolgsdruck zu verbringen. Diese Definition klingt möglicherweise widersprüchlich, aber sie beinhaltet eine tiefe Weisheit. Denn zu Kalsarikänni gehören auch der Mut, sich seiner Gefühle bewusst zu werden, und die Bereitschaft, den Moment anzunehmen.

Wenn der Druck des Arbeitslebens kurz davor ist, dir den Sauerstoff

aus den Lungen zu pressen, veredelt Kalsarikänni dein Leben in Nullkommanichts zu echter Quality Time. Es passt zu jeder Gefühlslage, ist aber vor allem zur mentalen und physischen Erholung geeignet, wenn der Stress dich unter sich zu begraben droht.

Kalsarikänni ist die Muße der Punktlandung. Es ist deine Punktlandung in die Muße.

Die Mindestanforderung an Kalsarikänni ist, Beruf und Alltag in Einklang zu bringen, aber einer Ausweitung zu Kalsarikänni als Lebensart und Lebensanschauung steht nichts im Wege. Seine Besonderheit liegt in seinem Potenzial.

Welches ist der richtige Monat für Kalsarikänni?

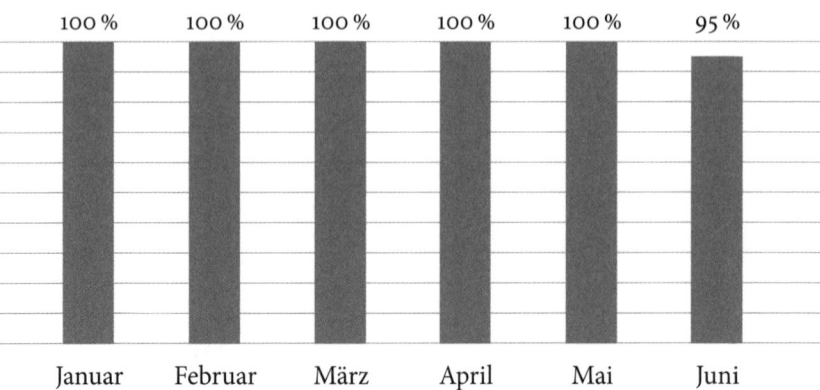

Januar	Februar	März	April	Mai	Juni
100 %	100 %	100 %	100 %	100 %	95 %

Kalsarikänni beinhaltet Tausende Möglichkeiten. So kann beispielsweise ein ruhig begonnener Abend recht lebhaft enden, denn die Grenzen von Kalsarikänni werden ganz allein durch seinen Anwender definiert. Wenn du mitten im schönsten Kalsarikänni auf dem Sofa bei *Terminator 2* einschläfst, dann hast du die Mindestvoraussetzungen erfüllt, aber nichts hindert dich daran, um Mitternacht ein Taxi zu bestellen und in den angesagtesten Club der Stadt zu fahren, in dem schon deine Clique wartet. Allerdings fällt das dann nicht mehr unter Kalsarikänni, sondern unter Partymachen.

Kalsarikänni kann auch mentale Zustände erzeugen,

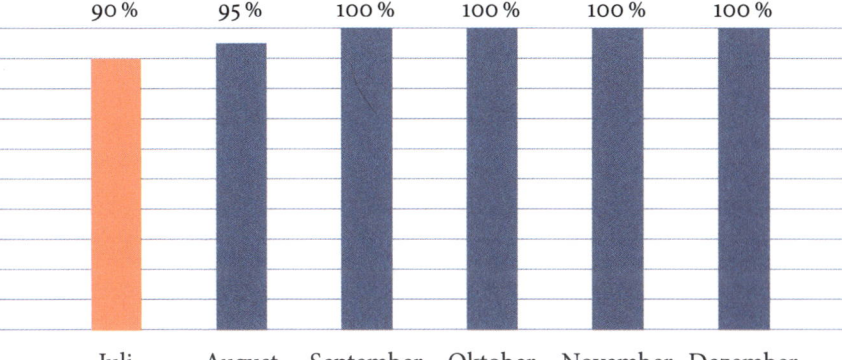

Quelle: Norra Haga Party Central

Wie viele Personen braucht es für Kalsarikänni?

Eine: 94 %   Zwei: 3 %   Drei: 1 %   Weiß nicht: 2 %

Quelle: Norra Haga Party Central

in denen man geradezu überwältigt wird von der eigenen Fähigkeit zur geistreichen Analyse. Viele hauptberufliche Kolumnisten und Autoren nutzen daher ohne Scheu die kreativitätssteigernde Wirkung von Kalsarikänni. Tunlichst zu meiden ist unter Kalsarikänni allerdings das Ausfüllen offizieller Dokumente.

Welche Körperübungen sind nun für die Anwendung bei Kalsarikänni geeignet? Das Norra Haga Party Central-Institut, das sich auf die Untersuchung von Theorie und Praxis der finnischen Kalsarikänni-Philosophie spezialisiert hat, empfiehlt dazu jegliche Aktivitäten, die sich gut anfühlen und Freude machen. Sich räkeln, gähnen und die Schultern kreisen lassen gehören zu den Basisübungen, aber sie unterstützen in erster Linie die Erholung der Motorik. Es gilt, mutig die unsichtbare Linie zu überschreiten, die das formelle, für die Blicke der anderen gedachte Posieren von der eigenen, echten Komfortzone trennt. Für diese Komfortzone sind beispielsweise folgende Aktivitäten geeignet: spontan ein Bad nehmen, rülpsen, sorgfältig in der Nase bohren, Luftgitarre spielen, singen, in aller Ruhe masturbieren, furzen, Selbstgespräche führen oder in ein Kissen schreien.

Kalsarikänni bedeutet nicht unbedingt, allein abzuhängen; es funktioniert auch mit einem guten Freund/ einer guten Freundin, einem Mitbewohner oder auch

Verwandten. Kalsarikänni mit Freunden hat in erster Linie eine aufbauende Wirkung. Gemeinsam beduselt auf dem Sofa rumzuhängen entlastet und lädt die Batterien wieder auf, egal welche Widrigkeiten das Leben gerade auf dich herabregnen lässt.

Richtig angewendet, trägt gemeinsames Kalsarikänni mit dem Lebenspartner oder der Lebenspartnerin zu einer Erweiterung und Vertiefung der Paarbeziehung bei. Dem Gegenüber nah zu sein und von ihm zu lernen muss schließlich nicht unbedingt nüchtern und unter andauerndem Quatschen geschehen. Schließlich ist das unaffektierte Schweigen in Gegenwart von anderen eine weltweit bekannte finnische Eigenart. Man kann sich nah

und gemeinsam wunderbar ruhig sein, während jeder sein Getränk in Reichweite hat und auf seinen eigenen Bildschirm schaut. Bei fortgeschrittenen Paaren kann gemeinsames Kalsarikänni durchaus festigend auf die Beziehung wirken.

In diesem Buch konzentrieren wir uns auf praktische Tipps zu und die Philosophie des Kalsarikänni, ohne auf Zechtouren außer Haus einzugehen. Denn diese haben per definitionem mit Kalsarikänni nichts zu tun. Zwischen Kalsarikänni und Partymachen befindet sich die Wohnungstür – und diese soll, wenn irgend möglich, geschlossen bleiben.

Stimmen zu Kalsarikänni

»Kalsarikänni bedeutet für mich Entspannung, Entschleunigung und absolute Ruhe. Ich beginne den Tag im Fitnessstudio. Auf dem Heimweg kaufe ich ein, Lebensmittel und eine Flasche Wein. Vielleicht auch zwei. Zu Hause lese ich ein wenig oder höre Bellinis *Norma*, dazu trinke ich Weißweinschorle. Ich koche mir etwas. Auf Anrufe oder Nachrichten reagiere ich nicht. Ich nutze keine sozialen Medien. Ich bin ganz bei mir.

Nach dem Essen lese ich noch etwas und trinke langsam und genüsslich weiter, bis der Alkohol seine Wirkung entfaltet. Dann höre ich Musik, immer Oper. Später sehe ich mir einen Film auf DVD an. Die besten Filme für Kalsarikänni sind für mich *Bullitt* und *Notting Hill*. Es kommt dann vor, dass ich mich ganz dem Geschehen hingebe, vom Sofa aufspringe, den Hauptfiguren Anweisungen zurufe. Meine Stimmung ist ruhig, aufmerksam und total entspannt. Ein Kalsarikänni-Tag soll sich endlos lang und grenzenlos anfühlen.«

– Büroangestellte, 60

Die Statistik sagt:

Finnland ist das stabilste Land der Welt.
Finnland ist das sicherste Land der Welt.
Finnland ist das glücklichste Land der Welt.
Finnen haben am meisten persönliche Freiheit.
Die finnische Schulbildung ist die beste der Welt.

Das 1865 gegründete finnische Statistikzentrum gibt die meisten offiziellen Statistiken Finnlands heraus. Nach diesen zu urteilen, geht es dem Land einhundert Jahre nach seiner Unabhängigkeit ziemlich gut.

Als Finnland 1917 unabhängig wurde, war es ein armes Agrarland, dessen Bruttosozialprodukt gerade mal den globalen Durchschnitt erreichte. Die Lebenserwartung war gering, die Kindersterblichkeit hoch. Innerhalb von hundert Jahren hat sich Finnland zu einer postindustriellen Informationsgesellschaft und zum drittreichsten Land der Erde gewandelt.

Was muss man noch anführen, um die positive Wirkung von Kalsarikänni auf die gesellschaftliche Entwicklung nachzuweisen?

Was sind die wesentlichen Eckpunkte von Kalsarikänni?

Optimaler Zeitpunkt:
Wenn das Tagewerk vollbracht ist.

Gewissen:
Es sollte einigermaßen rein sein, muss aber nicht strahlen.

Kleidung:
Unterhose bzw. -wäsche (wahlweise auch Jogginganzug oder Pyjama).

Abgeschlossener Raum:
Man bleibt im Haus. Für Ruhelose empfiehlt sich die Installation eines Sicherheitsschlosses an der Wohnungstür.

Temperatur:
Sollte das Sitzen in Unterwäsche bei Zimmertempe-
ratur ermöglichen.

Alkohol:
Jeder trinkt nach seinen
Fähigkeiten und Bedürfnis-
sen. Es wird kein Voll-
rausch angestrebt.

Wollsocken:
Ergänzen den
offiziellen, bequemen
Kalsarikänni-Look.

Nahrung:
Süße und salzige
Kleinigkeiten. Gemischte
Süßigkeiten, Chips und
Cracker.

Unterhaltungsgerät:
Stellt die Verbindung zur
Außenwelt her. Doch du
entscheidest, wann der
Kanal geöffnet wird.

Mentales Nest:
Du hüllst dich in
Kalsarikänni – und
fühlst dich wohl.

3.
Kalsarikänni und seine Elemente

Kalsarikänni als Einzeldisziplin. Das Budget und die Grenzen des Angemessenen.

Kalsarikänni ist in erster Linie eine Einzeldisziplin. Die optimale Grundlage dafür ist ein menschenleeres Zimmer. Halten sich in der Wohnung oder der unmittelbaren Umgebung Familienmitglieder, Verwandte oder Freunde auf, sind Kontakte in die eine oder andere Richtung unbedingt zu meiden. Denn wenn Kalsarikänni sich zu einer sozialen Veranstaltung entwickelt, dann kann man nicht mehr von seiner unverfälschten Ausprägung sprechen. Das heißt jedoch nicht, dass Kalsarikänni die Außenwelt grundsätzlich ausschließen muss. Es bedeutet vielmehr, Raum und Zeit zu seinen eigenen Bedingungen in Besitz zu nehmen, und entspricht daher in gewisser Weise einer Meditationsübung. Die Finnen respektieren den Übenden, indem sie ihm Raum lassen. Es ist wie der Saunagang ein heiliger Ritus.

Für Kalsarikänni gibt man sein Gehirn freiwillig an der Garderobe ab. Das Ziel ist ein wahrhaftiger, ehrlicher und bewusster innerer Zustand.

Die Flexibilität und der emanzipative Geist des Kalsarikänni zeigen sich in seinem einfachen Zubehör. Für Kalsarikänni braucht man keine teuren Utensilien, nein, es ist der Inbegriff der Chancengleichheit. Kalsarikänni gehört allen.

Für gelingendes Kalsarikänni müssen zusätzlich zu einer angenehmen oder wenigstens erträglichen physischen Umgebung mindestens folgende Bedingungen erfüllt sein: die richtige Menge Alkohol, bequeme Kleidung, ein Unterhaltungsgerät und etwas zu knabbern für den Blutzuckerspiegel. Das quantitative und qualitative Verhältnis zwischen den Bestandteilen kann durchaus variieren – manchmal ist mehr Alkohol und weniger Kleidung im Spiel –, aber dies sind die Grundelemente.

1) Alkohol

Wie viel Alkohol braucht man für Kalsarikänni? Das ist äußerst subjektiv, und es gibt zu dem Thema verschiedene Denkschulen. Aus Sicht der Traditionalisten ist mehr immer besser als weniger, doch die Meinung der jüngeren Generation geht dahin, dass Kalsarikänni eher ein hauchdünner Tagesdusel französischer Art sein sollte als ein Vollrausch. Beide Richtungen sind jedoch der Meinung, dass man am nächsten Morgen höchstens ein etwas pelziges Gefühl im Mund haben darf. Herkömmliche Katersymptome sind ein klares Zeichen dafür, dass Kalsarikänni aus dem Ruder gelaufen ist und dass der Anwender am Feintuning seiner Fähigkeiten arbeiten sollte. Mehr dazu im Kapitel *Wenn Kalsarikänni dir entgleitet*.

Die maßgeblichen Getränke bei Kalsarikänni sind Bier oder Wein. Bier hat den Vorteil, dass man es kontrolliert zu sich nehmen kann. Für manche, je nach Erfahrung und Körpervolumen, können zwei zu wenig sein, aber sechs – oder, sagen wir, höchstens sieben – sind auf jeden Fall zu viel. Bei der regelmäßigen Kontrollzählung der leeren Flaschen kann der Anwender im Laufe des Abends seine Bilanz leicht überprüfen. Gleichzeitig sorgt das Bier für eine ausreichende Flüssigkeitszufuhr, und an zunehmenden Toilettengängen lässt sich zuverlässig ablesen, wann der Sättigungspunkt erreicht ist.

Weitere Pluspunkte: Juho Leikas von der Universität Jyväskylä hat in einer wissenschaftlichen Studie herausgefunden, dass Bier den Körper nach einer sportlichen Anstrengung besser mit Flüssigkeit versorgt als Wasser. Bier enthält sogar mehr wichtige Spurenelemente wie Kalium, Magnesium, Silicium und Mangan als isotonische Getränke.

Der biertypische, langanhaltende leichte Dusel passt gut zum lockeren Charakter von Kalsarikänni. Denn bei Kalsarikänni geht es nicht darum, sich gnadenlos die Kante zu geben. Der Einsatz härterer Getränke ist in Ordnung, sofern man sich der Risiken bewusst ist. Das setzt jedoch Willensstärke sowie reifliche Überlegung voraus, damit man nicht zu viele Einheiten in sich hineinkippt. Wie so oft ist jedoch auch das eine Ermessensfrage: So kann beispielsweise an einem kalten, stürmischen Abend ein Gläschen Cognac durchaus das Tüpfelchen auf dem i sein.

Neben Bier sind auch Wein und Sekt zweckmäßige Getränke für Kalsarikänni. Für die richtige Stimmung sind nicht unbedingt teure Marken vonnöten, aber ein solider Prosecco ersetzt funktional ein ordentliches Lager oder Pale Ale. Fortgeschrittene sind in der Lage, einen Sekt oder einen vollmundigen Rotwein zu wählen, der am besten zur bereitgelegten dunklen Schokolade passt. Ein Nachteil bei Wein ist jedoch die ungünstige Flaschengröße, die meist 0,75 Liter beträgt. Allein getrunken kann diese Menge zu groß sein, beispielsweise für eine zierliche Frau, und im weiteren Verlauf des Abends könnte es schwierig werden, eine halb ausgetrunkene Flasche einfach stehen zu lassen. Eine Piccoloflasche wiederum ist viel zu sehr piccolo. Wein im Tetrapak birgt dagegen ein anderes bedeutendes Risiko, denn es ist unmöglich, die bereits konsumierte Menge zuverlässig zu überprüfen. Außerdem ist der Alkoholgehalt bei Wein höher als bei Bier, so dass es großer Erfahrung und Selbstdisziplin bedarf, sich die Menge den Abend über angemessen einzuteilen.

2) Kleidung

Im Zusammenhang mit Kalsarikänni bedeutet Kleidung konkret, dass man sich auszieht. Nicht weil die Situation etwas Erotisches an sich hätte, sondern weil man sich in gut sitzender und angemessen weit geschnittener Unterwäsche

einfach grundsätzlich wohlfühlt. Mit den Jahren tendiert man ja eher dazu, sich bequeme Unterwäsche anzuschaffen, denn es stellt sich immer seltener die Frage, ob jemand anders sie je zu Gesicht bekommt.

Mit Unterwäsche ist hier genau genommen eine Unterhose gemeint. Ist es kühler im Zimmer, kann man die Kombination durch ein T-Shirt/Top vervollständigen. Viele bevorzugen auch den klassischen Pyjama. Die meisten Männer wissen, dass die angenehmste Form der Unterbekleidung eine weite Boxershorts aus Jersey oder aber die liebgewonnene lange Unterhose ist. Frauen wiederum werfen im Zusammenhang mit Kalsarikänni oft als Erstes den Bügel-BH und die Strumpfhose ab. Die Haut ist dazu gemacht, frei zu atmen.

In den kalten Monaten – in Finnland also den Großteil des Jahres – kann es sein, dass die oben vorgeschlagene Mindestausstattung nicht immer ausreicht. Wenn irgendein Gesundheitsfanatiker oder Sparfuchs an den Heizkörpern oder der Klimaanlage herumgefummelt hat, kann es schon mal kalt werden. Daher ist es immer günstig, Wollsocken in Reichweite zu haben. Sie sorgen besser für eine Blutzirkulation in den Extremitäten als eine Jogginghose und nehmen wenig Platz weg.

3) Unterhaltungsgeräte

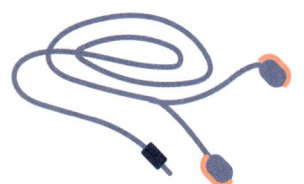

Selbst nach einer großen kör-
perlichen Anstrengung beruhigt
sich der Atem innerhalb weniger
Minuten. Genauso kommt man
von einem hohen Stresspegel relativ schnell wieder he-
runter. Manchmal ist es nach einem langen Tag nötig,
einen Moment lang auf dem Sofa zu sitzen und einfach
tief durchzuatmen, aber irgendwann lässt die Anspan-
nung nach, und man fängt an, sich zu fragen: Was jetzt?
Dann ist der Moment gekommen, wo das soziale Wesen
sich nach der Gesellschaft der Herde oder anderen äußeren Zerstreuungen sehnt.

Für diesen Fall braucht es Unterhaltungsgeräte.

Das Wort *Gerät* darf in diesem Fall nicht missverstan-
den werden. Es kann ganz old school beispielsweise ein
Musikinstrument sein, ein Jojo, ein Versandhauskatalog
aus den 1970ern, ein Buch, eine Handarbeit, eine Nagel-
schere, eine Küchenreibe oder eine Dartscheibe (nicht
empfohlen). Doch möglicherweise sind diese Gegenstände für jemanden, der sich von einem hohen Betrieb-
samkeitspegel erholen muss, zu simpel und langsam.
Je mehr der Stress nachlässt und je weiter Kalsarikänni
voranschreitet, desto mehr wächst das Bedürfnis nach
Zerstreuung und Kommunikation.

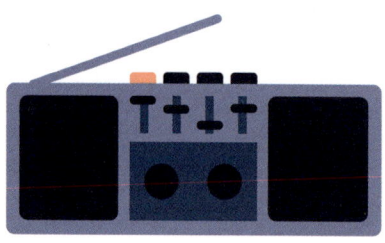

Eine bombensichere Möglichkeit, sich dem Moment hinzugeben, ist Musik. Das können zerkratzte Vinylscheiben aus den 70ern, Musikkassetten aus den 80ern, CDs aus den 90ern oder heutige Streamingdienste sein – ganz egal, Hauptsache, sie produzieren die gewünschten Klänge.

Heutzutage hat allerdings jeder immer und überall einen Laptop oder wenigstens einen Fernseher in Reichweite. Vor allem der Fernseher bietet so viel packendes, aufwühlendes, wenn nicht gar schockierendes Material, dass einem der Ausstieg aus dem geistigen Isolationstank garantiert nicht langweilig wird. Und nach der Werbung kann man sich auf das eigentliche Programm konzentrieren.

Mithilfe jeglichen WLAN-fähigen Gerätes eröffnet sich die wunderbare Welt des Internets: Dort kann man, während man ein Bier wegbechert, nach Katzenvideos suchen, noch einmal die besten Szenen aus seinen Lieblingsfilmen anschauen, wichtige Informationen auf Promiwebsites nachlesen, einkaufen (nicht unbedingt empfohlen), in Foren mitdiskutieren (Nickname empfohlen) oder sich in ein Fachgebiet seiner Wahl vertiefen.

Zu Kalsarikänni gehört je nach Bedarf auch der Austausch oder das Sprücheklopfen mit anderen; auch dafür sollten optimalerweise das Internet und speziell die sozialen Medien herangezogen werden. Die besten Werkzeuge dafür sind ein Smartphone oder Tablet, in jedem Fall ein Gerät, das anders als der Laptop die Handgelenke nicht belastet und auf den Knien nicht heiß wird. Telefonate bergen die Gefahr, den geistig eingeschränkten Zustand des Kalsarikänni-Anwenders rasch aufzudecken, daher könnte die schriftliche Nachricht sich trotz Tippfehlern als ideale Kommunikationsform herauskristallisieren.

4) Süß und salzig: Energieversorgung

Das Ziel von Kalsarikänni ist schnelles Zen, eine rasche innere Rundumüberholung und ganzheitliche Entspannung. Das geschieht am besten in einer passenden Umgebung – und mit der richtigen Verpflegung. Wer will seinen Blutzuckerspiegel schon so tief absinken lassen, dass es keinen Spaß mehr macht?

Auch bei Kalsarikänni ist die Energieversorgung unabdingbar; und dass hier Abweichungen vom Alltäglichen durchaus erlaubt sind, erhöht die Freude an dieser Form

der Entspannung zusätzlich. Natürlich ist uns heutzutage allen klar, wie wichtig eine abwechslungsreiche Ernährung für die Gesundheit und auch für die Umwelt ist. Kohlenhydrate, Proteine, Fette, Mineralstoffe und Vitamine, also alles, was für den Betrieb des Körpermotors nötig ist, ist buchstäblich lebenswichtig, aber bei Kalsarikänni kann man schon mal fünfe gerade sein lassen und die Ernährungspyramide etwas großzügiger interpretieren.

Da Kalsarikänni definitiv keine alltägliche Aktivität ist oder sein soll, kann man sich hier ernährungstechnisch Dinge erlauben, die einem sonst suspekt erscheinen, und zwar einfach, weil es möglich ist. Kalsarikänni zielt auf maximales Wohlbefinden. Das ist nicht gleichbedeutend mit Binge-Eating oder einem tiefen Kohlehydratkoma, sondern damit, dass man sich, wenn der Druck im Laufe des Abends nachlässt, einigen höllisch leckeren kulinarischen Sünden hingeben kann. Sternstunden der Molekularküche sind hier jedoch nicht gefragt. Optimale Kalsarikänni-Begleiter sind ganz banale Süßigkeiten, eine Pizza vom Bringdienst, türkische Spezialitäten vom Imbiss nebenan, Salami, Oliven, Schokolade – egal was, Hauptsache, man hat so richtig Appetit darauf.

Diese Grundelemente des Kalsarikänni wollen wir in den kommenden Kapiteln näher behandeln. Macht es euch bequem.

Wo konsumieren die Finnen ihre alkoholischen Getränke am liebsten?
(2016)

57 %
zu Hause

17 %
in der Kneipe

10 %
im Sommer- oder
Ferienhaus

10 %
bei Freunden

4 %
an einem anderen
öffentlichen Ort

2 %
wo anders

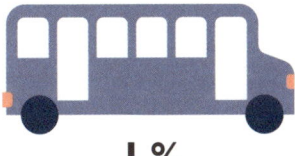

1 %
draußen, auf Treppen,
im ÖPNV

Quelle: Finnisches Institut für Gesundheit und Wohlbefinden

4.
Kalsarikänni und die sozialen Medien

In den sozialen Medien kennt niemand deinen Zustand, auch wenn mancher ihn vielleicht erahnt. Virtuelle Imagepflege. Unendliche Möglichkeiten, sich zu blamieren – ist deine auch dabei?

Die sozialen Medien sind das Salz in der Suppe des modernen Kalsarikänni. Beim Fernsehen, Musikhören oder Lesen ist Kalsarikänni ein rein privates Vergnügen, aber die Interaktivität lüftet ein wenig den Vorhang zwischen dir und der Außenwelt. Abhängig von den äußeren Umständen, den beteiligten Personen und der Mondphase kann sich diese Erfahrung als therapeutisch, traumatisch oder im raffiniertesten Sinne beides zugleich herausstellen.

Die niedrigste Stufe der virtuellen Interaktion stellt

die SMS dar. Diese Kommunikationsform schirmt dich ab und deckt deinen psychophysischen Zustand unter Umständen erstaunlich lange. Mit einem guten Freund oder einer guten Freundin per SMS Sprüche zu klopfen ist im Idealfall zum Brüllen komisch, aber von Nachrichten an den Chef, den oder die Ex und die eigene Mutter ist unter Kalsarikänni dringend abzuraten.

Vor vertrauten Menschen kannst du dich nicht blamieren. Sie verzeihen dir Unvollkommenheit, Taktlosigkeit und Übertreibungen. Debatten, die sich intensiv mit einem Thema beschäftigen, freie Assoziationen zulassen und vom Hölzchen aufs Stöckchen kommen, geben Kalsarikänni erst die wahre Würze.

Und diese Kommunikation muss nicht auf zwei Personen beschränkt sein. Vertrauliche Unterhaltungen (sprich solche, in denen Außenstehende durchgekaut werden) sind in einer geschlossenen Gruppe besser aufgehoben, und hier muss man auch nicht immer vor Originalität sprühen. Wenn sich allerdings in einem offenen Forum die Unterhaltung geistreich zu entwickeln scheint, sollte man mit seiner Eloquenz nicht hinterm Berg halten.

Anders als vertrauliche Gruppenchats auf Facebook erfordern Instagram und Twitter hingegen oft eine gewisse Konzentration, wenn nicht gar Anstrengung, was nicht dem Geist eines Kalsarikänni-Abends entspricht. Wie allgemein bekannt ist, kann Twitter mit seinen schnellen und

komprimierten Mitteilungen ganze Staaten an die Schwelle zu kriegerischen Auseinandersetzungen führen, ganz zu schweigen von der Zerrüttung zwischenmenschlicher Beziehungen. Instagram wiederum verlangt ein gutes visuelles Auge, das allerdings im Kalsarikänni-Zustand gegen Mitternacht nicht mehr unbedingt in Bestform ist.

Unbedingt zu meiden sind bei Kalsarikänni jegliche Video-Livestreams, allen voran Periscope. Im Nachhinein betrachtet stellt es keine Höchstleistung dar, wirre Gedanken in eine Kamera zu nuscheln, auch wenn man sich im Moment der Aufnahme großartig gefühlt hat.

Kalsarikänni zielt auf Entspannung und völlige Freiheit vom Leistungsgedanken. Daher sollte man bei den sozialen Medien den goldenen Mittelweg wählen. Am sichersten ist es, einfach herumzustöbern und Likes zu verteilen. Wenn man nicht den ganzen Abend den Mund halten will, kann man natürlich in eine Unterhaltung einsteigen. Dennoch ist zu bedenken, dass die Technologie in der Lage ist, Nachrichten erstaunlich lange zu speichern. Auch das Anfertigen von Screenshots ist heutzutage enervierend einfach.

Wie man sieht, hat die Kombination von Kalsarikänni und den sozialen Medien ihre Tücken. Und wie das Norra

Haga Party Central-Institut in jahrelangen Versuchsreihen herausgefunden hat, ist es unmöglich, verbindliche Regeln dafür aufzustellen. Den größten Einfluss darauf hat die Persönlichkeit des Ausübenden. Angeborene Besonnenheit ist eine große Hilfe, aber man kann diese Eigenschaft im Laufe der Kalsarikänni-Erfahrung auch verfeinern. Wir sprechen hier allerdings von einer Entwicklung, die Jahre und Jahrzehnte in Anspruch nimmt: Da Kalsarikänni kein selbstverständlicher Teil des täglichen Lebens sein sollte, bildet sich der eigene Rhythmus erst beim Ausprobieren heraus.

Hast du dich virtuell blamiert, musst du das akzeptieren – das gehört einfach zum Leben dazu. Solche Fehler helfen uns dabei, unseren Weg zu finden, und geben uns die Gelegenheit, etwas zu lernen. Selbst wenn Kalsarikänni dir in der digitalen Welt entgleitet – einmal, zweimal, zehnmal –, musst du fest daran glauben, dass sich am Ende die richtigen Verhaltensregeln herauskristallisieren. Hier ist Geduld gefragt – beim Kalsarikänni-Anwender ebenso wie bei seinen Freunden.

Bedürfnishierarche für Kalsarikänni in Kombination mit sozialen Medien

KING OF SOCIAL MEDIA
(die scharfsinnigste Statusmeldung des Abends generiert
eine Flut von Likes, geistreiche Onliner auf fremden Timelines,
Wertschätzung durch die Gemeinschaft)

SOZIALE MEDIEN
wie Facebook, Instagram oder Twitter
(ermöglichen Teilhabe und Kommunikation in beide Richtungen)

EIN ODER MEHRERE ENDGERÄTE
garantieren pausenlose Unterhaltung
(Bücher oder Zeitschriften, Spotify, Fernsehprogramme,
Netflix, YouTube)

GRATIS WLAN
(ersatzweise 4G, im Notfall 3G möglich,
ausreichende Akkuladung, Lademöglichkeiten)

EIN WARMER, GESCHLOSSENER RAUM
(es darf nicht reinregnen; Sauerstoff;
Nahrungs- und Getränkeversorgung)

Quelle: Abraham Maslow und Norra Haga Party Central-Institut

Die Kombi von Kalsarikänni und sozialen Medien hat bei der persönlichen Imagepflege und -entwicklung jedoch durchaus auch Vorteile. Bei Kalsarikänni ist man frei genug, sich zu entspannen, aber bei Bedarf noch zivilisiert genug, sich vorteilhaft darzustellen.

Zum Beispiel kann niemand auf Facebook wissen, dass du deine starken Meinungen bei der Analyse von Pierre Bourdieu munter aus Wikipedia kopierst, während du in deiner ausgeblichenen, durchgepupsten Jogginghose auf dem Sofa fläzt. Unterbrechungen in deinem Schreibfluss werden von den anderen Beteiligten als tiefsinnige Denkpausen interpretiert, während du in Wirklichkeit den Wein direkt aus dem Hahn des Tetrapaks schlürfst (nicht empfohlen).

Du kannst charmant, taktvoll, schlau, detailliert, empathisch, intellektuell und leutselig sein, weil du dich ganz darauf konzentrieren kannst. Niemand weiß, dass du dich an spannenden Körperstellen schubberst und gleich darauf in der Nase bohrst – vermutlich mit demselben Finger (nicht empfohlen).

Das Beste am Zusammenspiel von virtueller Welt einerseits und Unterwäsche und einem gefüllten Glas andererseits ist der magische soziale Zirkel, den du zusammen mit deinen Freunden und mehr oder weniger guten Bekannten bildest. Allerdings ist Kalsarikänni nicht der richtige Zustand, um ganz neue Kreise zu erobern. Der geistig gesunde und ausgeglichene Kalsarikänni-Anwender meidet hitzige Themen und Internetforen entschieden, es sei denn, sie repräsentieren seine ganz eigene Herzensthematik.

Stimmen zu Kalsarikänni

»Wenn ich betrunken bin, werde ich extrem sozial – das gilt auch für Kalsarikänni. Ich trinke zu Hause, weil der Weg in die Kneipe zu weit ist, weil es draußen kalt ist oder weil ich es einfach nicht schaffe, von der Jogginghose in die Jeans zu wechseln. Nach ein paar Gläsern hab ich dann trotzdem Lust zu quatschen – ich habe schon eine Million Leute besoffen angerufen. Jetzt sind nur noch die Nummern von meinen Eltern und meinem Bruder in meinem Handy gespeichert. Außerdem würde von meinen Freunden sowieso keiner mehr abnehmen. Natürlich geht es dann bei Facebook richtig rund, und am nächsten Tag schäme ich mich, weil ich Unmengen neuer Nachrichten habe. Normalerweise muss ich erst mal zwei Gläser Wein trinken, damit ich mich überhaupt traue nachzuschauen, wem ich geschrieben und was für einen peinlichen Quatsch ich gelabert habe.«

– Grafikdesignerin, 44

5.
Die Wurzeln des Kalsarikänni

Altes Phänomen, neues Wort. Die Generationenkluft.

Auch wenn Kalsarikänni als Phänomen schon länger bekannt ist, so ist das Wort dafür doch relativ neu. Es findet sich nicht im acht Millionen Wörter umfassenden Dialektarchiv des Zentrums für heimische Sprachen in Finnland (Kotimaisten kielten keskus, kurz KoTus). Auch in dem preisgekrönten Slangwörterbuch von Heikki und Marjatta Paunonen, das den typischen Helsinki-Slang vom Anfang des 20. Jahrhunderts bis in die 1990er beschreibt, fehlt davon jede Spur.

Riitta Eronen vom Sprachenzentrum ist Spezialistin für finnische Neologismen. Sie ist unter anderem dafür zuständig, neue Wörter aufzuspüren und in die Wortdatenbank des Zentrums aufzunehmen. Einmal im Jahr veröffentlicht das Sprachenzentrum eine Zusammenschau neuer Wörter, die bei Medien und Öffentlichkeit stets auf großes Interesse stößt.

»›Kalsarikänni‹ ist erst nach 2000 in unsere Wortdatenbank übernommen worden. Doch es hat sich als lebensfähig erwiesen, denn 2014 wurde es erstmals in unser offizielles großes Internet-Wörterbuch eingearbeitet«, erläutert Riitta Eronen.

In den 1990ern tauchte das Wort vereinzelt in gedruckter Form auf, jedoch ohne klare Kontextualisierung; Anfang der 2000er dann wurde es vermehrt in Internetforen genutzt. Laut den Archiven des Sprachenzentrums ist eine der frühesten gedruckten Erscheinungsformen im September 2005 in der Beilage »Nyt« der Tageszeitung *Helsingin Sanomat* zu finden. Damals wurden die Drehbuchautorinnen der tragikomischen TV-Serie »Naisten juomaa« (dt. »Wie Frauen trinken«) gefragt, wann sie zum letzten Mal betrunken waren.

Eine der Interviewpartnerinnen war die Autorin Miira Karhula, die folgendermaßen auf die Frage antwortete: »Vor drei Wochen haben mein Mann und ich Kalsarikänni gemacht. Das kommt selten vor, denn wir haben zwei kleine Kinder. Doch diesmal gab es ein Wiedersehen zu feiern, denn mein Mann war beruflich lange von zu Hause weg gewesen.«

Und wann hat Miira Karhula das Wort zum ersten Mal gehört?

Das sollte in einem Telefonat zu klären sein.

»Ich hatte das Wort ›Kalsarikänni‹ schon Jahre vorher gehört und gedacht, es bedeutet, dass ein Mann alleine zu Hause pichelt. Aber ich musste lachen, denn es beschrieb perfekt, wie mein Mann und ich unsere Abende verbrachten. In dem Interview habe ich das Wort selbstironisch benutzt: Wir wollten auf die Piste, aber es lief auf Kalsarikänni hinaus.«

2005 war Miira Karhula eine junge Mutter. Sie war mit ihrem Mann aus dem lebhaften Helsinkier Stadtteil Kallio in den Norden der Stadt in ein altes Einfamilienhaus gezogen, und die ganze Freizeit ging fürs Windelnwechseln und Renovieren drauf.

»Wir haben immer davon gesprochen, mal wieder essen und ins Kino zu gehen, aber als wir dann die Kinder bei den Großeltern geparkt hatten, waren wir so müde, dass wir einfach Wein im Supermarkt kauften und uns auf DVD irgendeine Serie anschauten. Zu dieser Zeit war das vermutlich *Deadwood*; davon verschlangen wir eine Folge nach der anderen. Dabei tranken wir weitaus mehr Wein als geplant, so dass wir schließlich bei Kalsarikänni landeten. Das waren schöne Abende«, schmunzelt Karhula.

Riitta Eronen bestätigt, dass das Wort schon vor 2005 in Gebrauch war. »Ich habe es zum ersten Mal Anfang der 1990er gehört, als ein Freund meiner Söhne es benutzte, um eine bemitleidenswerte Situation zu beschreiben. Jetzt, in ihren Vierzigern, sagen meine Söhne, dass

sie das Wort ironisch verwenden. ›Kalsarikänni‹ war auf jeden Fall ein besonderes Wort und ist mir deshalb in Erinnerung geblieben«, sagte Eronen.

»Verschiedene Generationen bewerten das Wort unterschiedlich. Die jüngeren Kollegen im Sprachenzentrum finden es eher neutral oder sogar positiv, während die älteren der Meinung sind, dass es auf ein trauriges, einsames Leben hindeutet. Aber Sprache verändert sich.

Finnland hat die viertmeisten WM-Medaillen im Orientierungslauf (1966–2017)

Quelle: Finnischer Orientierungslaufverband

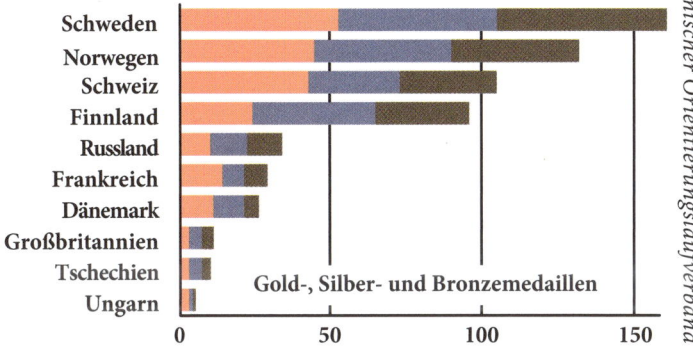

Schweden
Norwegen
Schweiz
Finnland
Russland
Frankreich
Dänemark
Großbritannien
Tschechien
Ungarn

Gold-, Silber- und Bronzemedaillen

0   50   100   150

Die Stilebene eines Wortes kann im allgemeinen Sprach-
empfinden wechseln: vom Slang zum Alltäglichen oder
vom Witzigen zum Neutralen. Ein Wort kann neue Nu-
ancen und Bedeutungen annehmen.«

Pressestimmen

Wo Finnland vorangeht, folgen die anderen nach. Wenn man den weltweit führenden Medienhäusern glauben darf, hat die Philosophie des Kalsarikänni in kurzer Zeit die Trendsetter in aller Welt für sich eingenommen. Und warum sollte man ihnen nicht glauben?

Über Kalsarikänni wurden in den letzten Jahren Dutzende durchweg wohlwollende Artikel geschrieben. Dieses Phänomen hat die Presseabteilung des Norra Haga Party Central-Instituts in ihrem naiven Glauben bestärkt, dass ein Produkt, wenn es nur gut genug ist, schließlich auch seine Abnehmer findet. Aber wie gut wird das Phänomen in den großen Medien verstanden? Wir wollen dafür kurz die Experten der Abteilung für Investigativen Journalismus im NHPC zu Wort kommen lassen.

There's a Finnish Concept for Drinking at Home Alone in Your Underwear, but *Vogue* Was Always on It

MARCH 8, 2017 10:00 PM
by MADELEINE LUCKEL

There's a Finnish Concept for Drinking at Home Alone in Your Underwear, but Vogue Was Always on It
Vogue 8.3.2017

+ das Wichtigste grundsätzlich verstanden. Gute Beobachtung: Kalsarikänni kann auch glamourös sein

– die kurze Abhandlung des Themas hinterlässt einen oberflächlichen Eindruck von der Philosophie des Kalsarikänni

Hygge is so 2016. Meet Kalsarikannit, the Word for Drinking at Home without Pants on

Chicago Tribune 16.3.2017

+ Verständnis für den nordischen Kontext, treffender Vergleich

– die Weinvorschläge im weiteren Verlauf des Artikels scheinen etwas weit hergeholt

Pantless Drinking At Home
SAA Sawubona, Juli 2017

+ bester Artikel der Presseschau; die tiefgreifende Be-
handlung des Themas ist ein Gewinn für den Leser

– in Wirklichkeit liegt in Finnland gar nicht so viel
Schnee

6.
Musik und Kalsarikänni – eine glückliche Verbindung

Organisierter Lärm ist Botschaft und Gefühlsdetektor zugleich.

Ganz allgemein kann man sagen, dass Alkohol und Musik eine unschlagbare Kombination sind – der reine, perlende Nektar des Kalsarikänni! Musik wird in jeder Kultur rund um die Welt erzeugt und gespielt, so dass sie mit der gesprochenen Sprache vergleichbar ist. Und so ist es auch einfach, per Musik Botschaften zu senden (Radiohead: *No Surprises*), Emotionen zu vermitteln (Lily Allen: *Fuck You Very Very Much*), zu manifestieren (AC/DC:

Highway to Hell) oder ganz allgemein mitzuteilen, wie man sich gerade fühlt (Napoleon XIV: *They're Coming to Take Me Away*).

Wenn man im Allgemeinen gerne Musik hört, warum sollte man bei Kalsarikänni eine Ausnahme machen? Musik nimmt uns an die Hand und führt uns dorthin, wo wir hinwollen – und manchmal auch an Orte, an die wir nicht so gerne gehen. Vertraute Songs tendieren dazu, vorherrschende Gefühle zu verstärken, aber der scharfsinnige Kalsarikänni-Anwender hat es in der Hand, im rechten Moment von der melancholischen Schnulze zu einem treibenden Beat zu wechseln. Win-win!

Das Gute an Kalsarikänni ist, dass man seine eigene Playlist zusammenstellen kann.

Wenn der Opa nicht da ist, muss man sich nicht mit seiner King-Crimson-/Neil-Young-/Gentle-Giant-Besessenheit herumschlagen. Und die Abwesenheit der Jüngsten garantiert das sichere Ausbleiben von Skrillex oder EDM. Stattdessen kann man all das ganz freiwillig und extralaut selber hören.

Die Glücklichen, die ein Instrument spielen, können selbst für die Musik sorgen – und wenn es nur ein paar E-Gitarren-Akkorde sind.

Musik machen bei Kalsarikänni

Stimmen zu Kalsarikänni:

»2014 bin ich in meine jetzige Stadtwohnung gezogen, aber ich hatte schon 1996 einige Wochen lang hier gewohnt. Der damalige Mieter war im Sommerurlaub und überließ mir die Wohnung für die Zeit meiner Tätigkeit in der Stadt. Er hatte eine tolle Plattensammlung, und immer, wenn der Job und meine sozialen Verpflichtungen es erlaubten, holte ich mir beim nächsten Kiosk ein paar Bier und setzte mich vor die Stereoanlage. Mein Favorit war Bruce Springsteens Album *Tunnel of Love*. Heute hole ich mir ein Bier, gehe damit nach draußen und höre den Song *Tougher Than the Rest*. Die erste Flasche schickt mich einundzwanzig Jahre in die Vergangenheit; etwas Cognac oder Wodka – und die Zeitreise geht noch weiter zurück.«

– Auslandskorrespondent, 58

Nichts geht über Luftinstrumente

Ein gesunder Mensch singt und macht Musik. Und wenn das Talent dazu nicht ausreicht, dann eben ohne Ton vor dem Spiegel und mit einer Luftgitarre in der Hand. Die körperliche Leistung des Kalsarikänni bekommt einen zusätzlichen Kick, wenn man sich dabei für kurze Zeit in einen Rockstar verwandelt. Im Folgenden die Luftmusik-Favoriten der NHPC-Abteilung für Akustik:

Luftgitarre:

» Blur: *Song 2*

» Ramones: *Blitzkrieg Bop*

» Hurriganes: *Mister X*

» Joan Jett & The Blackhearts: *I Love Rock 'n' Roll*

» Led Zeppelin: *When the Levee Breaks*

Luftschlagzeug:

» Jimi Hendrix Experience: *Manic Depression*

» Jeanette: *Porque Te Vas*

» Incredible Bongo Band: *Apache*

» Ramones: *Blitzkrieg Bop*

» Dave Brubeck Quartet: *Take Five*

Luftbass:

» The Killers: *Somebody Told Me*

» The Stranglers: *Walk On By*

» New Order: *The Perfect Kiss*

» Ramones: *Blitzkrieg Bop*

» Haloo Helsinki!: *Beibi*

Luftgesang:

» Celine Dion: *All by Myself*

» Ramones: *Blitzkrieg Bop*

» Cure: *Plain Song*

» Nylon Beat: *Viimeinen*

» Magenta Skycode: *Kipling*

Lufttamburin:

» Blondie: *Denis*

» Lemon Pipers: *My Green Tambourine*

» Oasis: *Wonderwall*

» The Velvet Underground: *I'll Be Your Mirror*

» Ramones: *Blitzkrieg Bop*

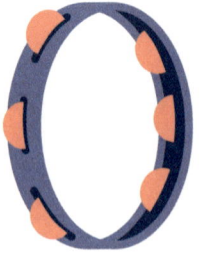

Stimmen zu Kalsarikänni:

»Ich wohnte draußen in Kulosaari, und jede Kneipe war weit weg – also trank ich in Unterwäsche zu Hause. Oft hab ich dabei eigene Songs gesungen, die ich total toll fand. Ich hab mir schon vorgestellt, wie ich für den Rest meines Lebens von den Tantiemen lebe. Ein paar Mal habe ich mit einer Bürste als Mikro gesungen, aber normalerweise habe ich die Lieder direkt auf Photo Booth in den Laptop gegrölt. Immerhin hatte ich den Anstand, mit dem Rücken zum Bildschirm zu singen. Am nächsten Morgen war mir das immer dermaßen peinlich, dass ich mich nicht getraut habe, mir meine Machwerke noch mal anzuschauen. Vor ein paar Monaten habe ich mir alle diese ›Songs‹, die ich schon fast an einen bekannten Musikproduzenten geschickt hätte, noch mal hintereinander angehört. Es war erschütternd. Beschissene Texte, keine Spur von Melodie und eine grässliche Piepsstimme, weil ich selber von meiner Souveränität als Songwriterin so gerührt war.«

– Grafikdesignerin, 44

7.
Kalsarikänni in der Populärkultur

Wie Hollywood Kalsarikänni verfälscht. Ikonen: Bridget Jones und der Dude.

Die Essenz des Kalsarikänni ist nicht immer und überall richtig verstanden worden. Das zeigt sich unter anderem darin, dass Kalsarikänni und die zugehörigen Aktivitäten in Mainstream-Filmen oft recht einseitig dargestellt werden. Wenn man in Filmen jemanden sieht, der sich in Unterwäsche einen Drink genehmigt, dann ist der Eindruck entweder komisch, schäbig oder sogar bemitleidenswert – und das tut dem Wesen von Kalsarikänni ganz und gar unrecht.

Im finnischen Film ist Kalsarikänni bislang eher wenig dargestellt worden. In den Texten finnischer Popmusik allerdings gehört das Trinken allgemein zu den beherrschenden Themen, doch es ist schwer zu bestimmen, welche Stücke sich speziell mit Kalsarikänni auseinandersetzen. Vor allem in Hollywood-Filmen wird das Trinken zu Hause chronisch unrichtig dargestellt. Lasst uns einmal vier klassische Kalsarikänni-Szenen betrachten. In *The Shining* (Kubrick, 1980) ist Jack Torrance (Jack Nicholson) ein gefährlicher Psychopath, in *Apocalypse Now* (Coppola, 1979) zeigt Benjamin L. Willard (Martin Sheen) selbst- und hotelzimmerzerstörerische Neigungen, in *Casablanca* (Curtiz, 1942) suhlt sich Rick Blaine (Humphrey Bogart) in Selbstmitleid, und in *E. T.* (Spielberg, 1982) ist die im Wohnzimmer bechernde Hauptfigur ein Außerirdischer.

Es gibt aber auch Ausnahmen, bei denen die aufbauende Wirkung von Kalsarikänni korrekt veranschaulicht wird. Eine der herrlichsten Leistungen sieht man im Vor

spann von *Bridget Jones – Schokolade zum Frühstück* (Maguire, 2001), wo Bridget Jones (Renée Zellweger) im Pyjama rotweinbeduselt eine lupenreine Playback-Performance hinlegt. Eric Carmens Nummer *All By Myself*, gesungen von Celine Dion, schmettert durch den Raum und mannomann, wie Bridget Jones bis hin zum kleinsten Break mitschwingt! Diese kleine Privatshow ist eine entwaffnende Kombination aus Pathos, Selbstmitleid und Humor.

In Fernsehserien sieht man Kalsarikänni-Situationen öfter. Vielleicht liegt das am heutigen Boom der großen TV-Dramen; sie nehmen sich viel mutiger als Filme solcher Momente an, die eine Figur in ihrer Entwicklung voranbringen und in ihren persönlichen Entscheidungen bestärken. Solche Szenen sind alltäglich und spielen oft vor dem Fernseher auf dem Sofa. Der Zungenschlag kann ernst und dramatisch sein (*Mad Men*) oder auch komödiantisch (*Absolutely Fabulous*). In Reality-TV-Sendungen hingegen läuft Trinken fast immer darauf hinaus, dass die Beteiligten dazu animiert werden sollen, sich zum Affen zu machen. Der Ethikrat von Norra Haga Party Central verurteilt so etwas auf das Schärfste.

Wie aus den Erläuterungen oben hervorgeht, ist bedeutungsschweres Selbstmitleid einer der zentralen Bestandteile von sorgfältig aufgebautem Kalsarikänni. Ein überschwängliches Lamento im Geiste des *Carpe diem* reinigt und hilft dabei, den Dingen ihre richtigen Relationen zurückzugeben. Denn Selbstmitleid und innere Unruhe können auch Gutes zur Folge haben, so wie in dem Sophia-Coppola-Film *Lost in Translation* (2003). Bob (Bill Murray) und Charlotte (Scarlett Johansson) befinden sich in einem unwirklichen Zustand, da sie unter Jetlag leiden und nicht mit den Menschen vor Ort kommunizieren können. Erst als sie sich (und Kalsarikänni) finden, können die Hauptfiguren loslassen und am Ende sogar schlafen.

Neben *Bridget Jones* gibt es zwei weitere Filme, in denen das Ethos von Kalsarikänni richtig verstanden wird. In *Batman Returns* (Burton 1992) schlürft Selina Kyle (Michelle Pfeiffer) »Milch« direkt aus der Packung, krempelt daraufhin ihr Leben um und verwandelt sich in Cat Woman. Der nur notdürftig maskierte Euphemismus offenbart die aufbauende Wirkung von Kalsarikänni.

Die treffendste cineastische Darstellung von Kalsarikänni findet sich allerdings im Kultklassiker *The Big Lebowski* von den Coen-Brüdern (1998). In der Szene ab Minute 32 liegt die Hauptfigur, der Dude, mit diversen White Russians intus auf dem Teppich und hört ganz entspannt auf seinem Walkman die Geräuschkulisse der Venice-Beach-League-Bowling-Playoffs von 1987. Versenkung, Glückseligkeit, Wonne!

Vom Dude kann die Welt viel lernen.

Stimmen zu Kalsarikänni

»Während des Studiums wohnte ich in einer Hausgemeinschaft mit sechs Frauen. Wir hatten es uns zur Gewohnheit gemacht, jeden Sonntag am Küchentisch zusammen zu trinken. Eines Abends war die Stimmung besonders melancholisch. Als wir schon das eine oder andere Glas intus hatten, beschlossen einige Mitbewohnerinnen, den Weltschmerz sein zu lassen und ein Musikvideo zu drehen. Wir entschieden uns für das Stück *Wish You Were Here* von Rednex. Dann drehten wir zwei Stunden lang in drei verschiedenen Wohnungen und hatten am Ende vier Minuten hochgradig peinliches Getänzel mit Kerzenlüstern im alten Treppenhaus. Am nächsten Tag waren wir verkatert und haben drüber gelacht.«

– Freie Journalistin, 24

Die hundert besten Vorwände
für Kalsarikänni

Wenn man sich nie zugesteht, sich zu entspannen, dann entspannt man sich vermutlich nie so ganz. Hier die einhundert besten Vorwände für den ganz persönlichen Kalsarikänni-Moment:

1. Der Arbeitstag ist vorbei.
2. Morgen muss ich arbeiten.
3. Morgen muss ich nicht arbeiten.
4. Heute regnet es.
5. Morgen soll es regnen.
6. Es regnet seit einer Woche.
7. Draußen ist es kalt, drinnen aber warm.
8. In der Chipstüte sind noch Chips.
9. Der Partner/die Partnerin ist ausgegangen.
10. Der Partner/die Partnerin ist zu Hause.
11. Der Partner/die Partnerin ist nach den Fernsehnachrichten eingeschlafen.
12. Ich habe keinen Partner/keine Partnerin.
13. So alt war ich noch nie.
14. Der Hausputz ist erledigt.
15. *So* alt war ich noch nie!
16. Ich müsste mal putzen.
17. Der Nachbar saugt Staub.

18. Ich habe keine Katze.

19. Die Katze ist aufgetaucht!

20. Das Nachbarskind schreit.

21. Die Kinder sind bei Oma.

22. Die Kinder sind nicht bei Oma.

23. Ich müsste was für den Basar backen.

24. Ich hab was für den Basar gebacken!

25. Die Wäsche ist erledigt.

26. Ich müsste noch die Wäsche zusammenlegen.

27. Ich habe die Wäsche in den Schrank geräumt.

28. Ich müsste mal den Kleiderschrank aufräumen.

29. Ich habe Klamotten für den Flohmarkt ausgesondert.

30. Ich könnte mal Flohmarktsachen zusammensuchen.

31. Ich müsste mal mein E-Mail-Postfach aufräumen.

32. Ich hab mein E-Mail-Postfach aufgeräumt!

33. Ich müsste mal überflüssige Dateien von meinem Rechner löschen.

34. Gleich schaue ich nach, was in dieser verstaubten Ikea-Tasche ist.

35. Notizen aus dem Studium! Ist das denn die Möglichkeit?

36. Man müsste mal was mit diesen CD-Stapeln machen.

37. Diese CDs behalte ich erst mal und kümmere mich später darum.

38. Gleich mache ich eine To-do-Liste.

39. Erster Punkt: eine To-do-Liste machen.

40. Ich bin so müde.

41. Ich habe die Bücher alphabetisch sortiert.

42. Ich sollte die Bücher mal alphabetisch sortieren.

43. Ich könnte die Gewürze mal alphabetisch sortieren.

44. Ich sollte mal Staub wischen.

45. Ich hab sogar die PowerPoint schon fertig.

46. Ich müsste die PowerPoint für morgen fertigmachen.

47. Ich könnte schon mal die strategisch wichtigsten Hauptpunkte skizzieren.

48. Ich müsste noch diese Mails schreiben.

49. Die Flasche da ist noch halb voll.

50. Mensch, wir haben Rotwein da.

51. Da war doch noch Whisky.

52. Da war doch noch Bier.

53. Heute kommt doch DSDS.

54. Morgen ist Samstag.

55. Morgen ist Sonntag.

56. Morgen ist Montag.

57. Morgen ist Dienstag.

58. Morgen ist Mittwoch.

59. Morgen ist Donnerstag.

60. Morgen ist Freitag.

61. Um den Elektronikschrott müsste ich mich auch mal kümmern.

62. Das ist ja ein echtes Nokia 3310!

63. Das erste Mobiltelefonat der Welt fand 1991 in Finnland statt.

64. Worum ging es wohl?

65. Einkaufen: Milch, Bananen, Tomaten.

66. Wenn die Systeme A und C sowie B und C in einem thermodynamischen Gleichgewicht sind, so gilt dies auch für A und B.

67. Ich bin nicht ausgeglichen.

68. Ich bin ausgeglichen.

69. Man kann seinen eigenen Ellbogen nicht mit der Zunge berühren.

70. Ich schaffe es auch nicht.

71. Die griechische Nationalhymne hat 158 Strophen.

72. Das Weltall ist unendlich.

73. Die griechische Nationalhymne ist nicht unendlich.

74. Da müsste noch ein exotisches Importbier sein.

75. Morgen fange ich mit dem gesunden Leben an.

76. Nächsten Monat fange ich mit dem gesunden Leben an.

77. Ich sollte mal ins Fitnessstudio oder schwimmen gehen.

78. Giraffen können nicht schwimmen.

79. Giraffen sind trotzdem schlank und sportlich.

80. Giraffe vs. Mensch – 1:0.

81. Die Finnen trinken weltweit pro Kopf den meisten Kaffee.

82. Die Weltmeisterschaft im Frauentragen wird seit 1992 in Sonkajärvi, Finnland, ausgetragen.

83. Das Betriebssystem Linux ist eine finnische Erfindung.

84. Finnland ist das Land mit den meisten Heavy-Metal-Bands pro Kopf.

85. Helsinki hat die nördlichste Metro der Welt.

86. In Finnland gibt es 187.888 Seen.

87. In Finnland gibt es kein einziges öffentliches Telefon mehr.

88. In Finnland gibt es 3,3 Millionen Saunas und 5,5 Millionen Einwohner.

89. Drei Viertel der Fläche Finnlands sind von Wald bedeckt.

90. Die Durchschnittsgeschwindigkeit eines Niesers beträgt 160 km/h.

91. Das Guinness-Buch der Rekorde wird in Bibliotheken am häufigsten entwendet.

92. Fanta ist eine Erfindung aus Nazideutschland.

93. Ein Maiskorn besteht zum größten Teil aus Stärke.

94. Auf der Savoy Court Road in London herrscht Rechtsverkehr.

95. Mit einem einzigen Bleistift kann man im Durchschnitt eine Linie von 56 Kilometern ziehen.

96. Anne Frank und Frank Gehry sind im selben Jahr geboren.

97. Es ist unmöglich, mit offenen Augen zu niesen.

98. $E = mc^2$

99. Irgendein Grund findet sich immer.

100. Andererseits: Wen interessiert's?

8.
Kalsarikänni und das bewegte Bild

Nicht nur, was man schaut, sondern auch wann. Fundstücke von merkwürdigen Sendern. Das Tüpfelchen auf dem i: Katzenvideos.

Wie wir oben bereits festgestellt haben, ist ein Fernseher oder jeglicher andere Bildschirm beim Kalsarikänni ein nicht zu übertreffendes Requisit. Was sollte man sich dann während Kalsarikänni ansehen? Die Grundlage unserer Übersicht bilden die neuesten Untersuchungsergebnisse aus der Forschungsabteilung »Bewegtes Bild« des Norra Haga Party Central-Instituts. Dazu zählt etwa die grundlegende Erkenntnis, dass Filme von Andrei Tarkowski in jeglichen Kalsarikänni-Zusammenhängen nicht funktionieren.

Für das bewegte Bild gilt das Gleiche wie für die Musik: Sie müssen den Anwender da abholen, wo er ist, und die über den Abend wechselnden Gegebenheiten und Stimmungen flexibel begleiten. Zum Glück macht die aktuelle Technologie es möglich, fast alles nahezu überall zu schauen.

Filme

Dramen über große Themen sowie melancholische Beziehungsfilme sind zu Beginn eines Kalsarikänni-Abends nicht zu empfehlen; sie eignen sich eher als letzter Programmpunkt vor dem Einschlafen. Ansonsten gilt die Faustregel, dass man während Kalsarikänni ausschließlich Filme sehen sollte, bei denen man sich nicht allzu sehr konzentrieren muss. Das sind 1) bereits x-mal gesehene Lieblingsfilme, 2) idiotische Komödien und 3) unsinniges Action- und Science-Fiction-Geballer.

Fernsehen

Für die meisten Kalsarikänni-Anwender ist der Fernseher das beliebteste weiße Rauschen. Vor allem außerhalb der eigenen vier Wände kann ein im Hintergrund laufendes TV-Gerät eine lockere Atmosphäre verbreiten, stummgeschaltet oder als heimelige Geräuschkulisse. Dass das Flackern des Fernsehers als so angenehm empfunden wird, scheint in unserem Rückenmark verankert zu sein – so sehr erinnert es an das Lodern eines Lagerfeuers. Auf jeden Fall ist es das passende Hintergrundgeräusch, um sich beispielsweise in den sozialen Medien herumzutreiben.

Ungünstig ist allerdings, dass das lineare Fernsehen dem eskapistisch gesinnten Anwender den Verlauf des Abends vorgibt. Man konsumiert, was gesendet wird. Wer offen für Neues ist, kann hier allerdings eine Tür zu ungeahnten Welten aufstoßen. Vor allem die armselige Senderauswahl in Hotelzimmern kann einen auf unbekanntes Terrain stoßen, das man unter normalen Umständen niemals betreten hätte. Außerhalb der eigenen Komfortzone kann es nicht nur zu audiovisuellen Entdeckungen kommen, sondern auch zur Erweiterung des eigenen Weltbildes und einem größeren Verständnis für die Artgenossen. Selbst eine blasierte Bildungsbürgerin kann sich möglicherweise durchaus (natürlich heimlich) für die Bilderflut der Lifestyle-Sender mitsamt ihren

Reality-Formaten begeistern, auch wenn sie das in ihrer kulturellen Peergroup sicher nie zugeben würde.

Es gibt allerdings einen Programmtyp, der die Linearität im Kern trägt: Sport. Wer bitte ist so verrückt, sich das Fußball-WM-Finale erst Monate später anzuschauen, wenn es bei einem Streaming-Dienst zur Verfügung steht? Eine Sportsendung muss im selben Sekundenbruchteil überall zu sehen sein, und genau das bindet sowohl den Kalsarikänni-Anwender als auch den Sofasportler eng an das Leben. Wenn man das entscheidende Spiel allein zu Hause auf dem Sofa sieht, ist man trotzdem Teil eines nationalen oder sogar globalen Erlebnisses. Und ein leichter Dusel beschleunigt das Andocken an das kollektive Erlebnis zusätzlich.

Streaming-Dienste

Streaming-Dienste verwöhnen den Kalsarikänni-Anwender. Egal ob die Stimmung zum Start des Abends amorph, munter, schläfrig oder aufgekratzt ist, die nichtlinearen Internetkanäle können jede Atmosphäre bedienen: Komödie, Sitcom, Fernsehdrama, Action. Aus zeitökonomischen Gründen ist es günstig, dass auch kleinere Unterhaltungsportionen von einer halben Stunde zu haben sind. Und wenn eine Folge nicht ausreicht, kann man sich auch mehrere am Stück anschauen. Binge-Watching macht weder dick noch betrunken.

Das Füllhorn des bewegten Bildes ist aber letztlich YouTube. Dort finden sich unzählige Schwarz-Weiß-Dokumentationen über irgendwelche exotischen Länder am Scheideweg zwischen der neuen und der alten Kultur, aber vor allem gibt es auf YouTube so viele Katzenvideos, dass man sich bis ans Ende aller irdischen Tage damit beschäftigen könnte! Yes, We Can Has Cheezburgers!

Finnland hat die meisten Sommerolympiamedaillen pro Einwohner

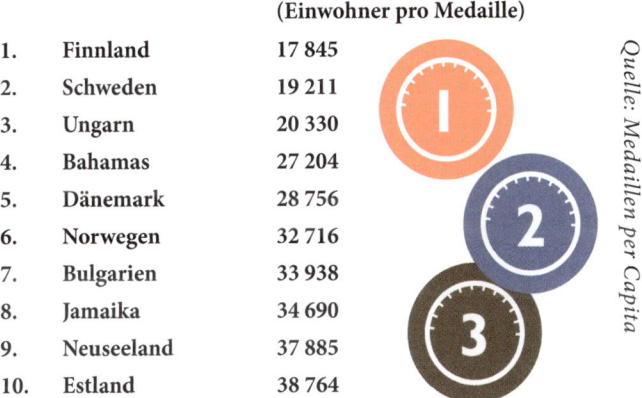

		(Einwohner pro Medaille)
1.	Finnland	17 845
2.	Schweden	19 211
3.	Ungarn	20 330
4.	Bahamas	27 204
5.	Dänemark	28 756
6.	Norwegen	32 716
7.	Bulgarien	33 938
8.	Jamaika	34 690
9.	Neuseeland	37 885
10.	Estland	38 764

Quelle: Medaillen per Capita

Stimmen zu Kalsarikänni

»Kalsarikänni läuft bei mir immer so ab, dass ich irgendwann meine Serie auf Netflix oder HBO (oder illegalerweise auf VLC) wieder und wieder um eine Minute zurückspule, weil ich kurz weggenickt bin. So geht das eine Zeitlang, und das nächste Mal wache ich morgens um vier auf, den Laptop immer noch auf dem Bauch. Seltsamerweise ist der Rechner noch nie heruntergefallen, wenn ich eingeschlafen bin. Meine Tante hat mich als Kind immer ausgelacht, wenn ich gesagt habe, ich bin heißblütig, aber es ist tatsächlich so, dass ich bei Kalsarikänni immer nur Unterhosen trage.«

– PR- und Marketingleiter, 38

Höhepunkte des Sports (Wiederholung)

Die Höhepunkte im Leben eines Sofasportlers, wie etwa die Olympischen Spiele, die Fußball-WM oder die Tour de France, werden übertragen, wenn sie stattfinden. Das ist jedoch für Kalsarikänni nicht die bestmögliche Lösung. Aus zwei Gründen: Erstens lassen sich die Sportveranstaltungen selten mit dem individuellen Terminkalender vereinbaren. Zweitens steht ein blutdrucktreibender Sport-Krimi der entspannenden und entschleunigenden Philosophie des Kalsarikänni etwas entgegen. Die raschen Wendungen der zweiten Halbzeit könnten den Zuschauer mit Adrenalin vollpumpen und seinen Blutdruck in die Höhe treiben, und bis man sich davon erholt hat, dauert es seine Zeit.

Wie bei Filmen sollte man auch bei Sportsendungen kein unnötiges Risiko eingehen. Verspürt man das dringende Bedürfnis, in die pulsierende Welt des Spitzensports einzutauchen, dann sollte man sich auf YouTube oder anderen Videoplattformen wohlvertraute Ausschnitte ansehen, die garantiert das Belohnungszentrum aktivieren.

Tiina Lillaks
Speerwurf-WM-Gold
im Olympiastadion
Helsinki 1983.

Lasse Viréns
5.000- und 10.000-Meter-
Goldmedaillensiege
1972 in München und
1976 in Montreal.

Das finnische Eishockey-
WM-Gold von 2011, vor
allem das letzte Drittel.

Mika Häkkinens
erster Formel-1-
Weltmeistertitel 1998.

Jukka Keskisalos
EM-Gold im Hindernis-
lauf-Finale in Göteborg
2006.

9.
Es ist offiziell

Der finnische Staat und Kalsarikänni. Nicht nur Heavy Metal, Handys und Sauna. Gleichberechtigung auf dem Sofa.

Kalsarikänni ist nicht nur finnische Folklore und Lebensanschauung, sondern auch Teil der offiziellen finnischen Außenpolitik. Im Dezember 2015 lancierte thisisFIN-LAND (TIF), in der PR-Abteilung des Außenministeriums zuständig für das Finnlandbild im Ausland, eine Auswahl von 30 Emojis, die den Kern der finnischen Mentalität veranschaulichen sollten. Sie waren die weltweit ersten staatlichen Bildchen dieser Art und erschienen im gleichen Jahr im traditionsreichen Adventskalender des TIF. Später wurden weitere 26 Emojis entwickelt.

Die ersten drei stellten einen Heavy-Metal-Fan, das Nokia 3310 sowie einen Saunagänger dar.

Jenita Cresswell, die damalige Chefin des TIF, erinnert sich: »Als wir über die Themen für die Emojis nachgedacht haben, war klar, dass wir auch die finnische Trinkkultur abbilden wollten. Und da TIF schon immer ein aufrichtiges Bild von Finnland und den Finnen vermittelt hat, wollten wir auch Kalsarikänni mit aufnehmen. Zuerst überlegten wir, dem Mann eine lange Unterhose anzuziehen, denn finnischer geht es ja nun wirklich nicht. Schließlich entschieden wir uns aber doch für eine normale, kurze Unterhose. Denn auf einer briefmarkengroßen Abbildung ist eine lange Unterhose nicht mehr als Unterhose zu erkennen, sondern würde einfach wie eine lange Hose wirken«, schildert Cresswell.

»Bei den Emojis haben wir mit männlichen Figuren angefangen, aber als Vorreiter der Gleichberechtigung wollten wir natürlich, dass die Emojis beide Geschlechter ansprechen. Es war lustig, sich vorzustellen, wie weibliches Kalsarikänni aussehen würde. In der fertigen Version trägt die Frau ein ärmelloses Pyjamaoberteil und hat ein Glas Wein in der Hand, wohingegen der Mann Bier trinkt. Wir haben auch darüber diskutiert, ob die Frau mit ihrem Weinglas und der pinkfarbenen Unterwäsche nicht einen zu distinguierten Eindruck vermittelt, aber am Ende waren wir mit dem Resultat zufrieden.«

Wie Cresswell ausführt, waren die Emojis von Anfang an für die Verwendung in internationalen Zusammenhängen gedacht. Daher musste sich das Projektteam fragen, wie die Kampagne aufgenommen wird, wenn der Staat damit offiziell den Konsum von Alkohol propagiert. Doch das Finnische hat gewonnen: »Kalsarikänni ist eine so typisch finnische Form der Trinkkultur, dass wir das unbedingt darstellen wollten, genauso wie die Kultur des Nacktsaunierens.«

Gezeichnet hat die Emojis der brasilianische Grafiker Bruno Leo Ribeiro. Zusätzlich zu den üblichen TIF-Sprachen (Englisch, Spanisch, Chinesisch, Russisch, Deutsch, Französisch und Portugiesisch) kam der Emoji-Adventskalender auch auf Japanisch, Arabisch, Koreanisch, Hindi, Polnisch und Türkisch heraus.

»Die Kampagne hat über 300 Millionen Menschen erreicht und ist noch immer die erfolgreichste finnische Promotionkampagne aller Zeiten. Wir haben damit fast alle Preise abgeräumt, die man für so etwas gewinnen kann«, erinnert sich Cresswell.

Bier kaufen

1. Den Supermarkt auswählen

2. Sich mit der Bierauswahl vertraut machen

3. Abwägen

4. Das richtige Bier auswählen

5. Die Einkäufe bezahlen

6. Das Bier trinken

Stimmen zu Kalsarikänni

»Ich habe schon darüber nachgedacht, mal die Vorteile von Kalsarikänni gegenüber einem Kneipenabend aufzuschreiben. Da kommt gleich ein ganzes Dutzend zusammen, ohne dass ich groß überlegen muss. Und zwar: der Alkohol ist billiger, die Musik ist besser, man kann fernsehen, das Klo ist sauber, und man muss nicht anstehen, man muss auch nicht an der Bar anstehen, man muss nicht mit dem Taxi fahren, und man muss keine Idioten ertragen. So weit erst mal.«

– Arbeitsloser, 52

Über Geschmack kann man streiten

Hunderte Millionen Kalsarikänni-Anwender weltweit können sich nicht irren: Bier wird in erster Linie wegen seines guten Geschmacks getrunken. Im Folgenden ein Überblick über die zehn meistverkauften Biersorten der Welt mit Kommentaren von der Seite Ratebeer.com:

3. Budlight (USA)
Durchschnittliche Ratebeer-Punktzahl: 0/5
»Für mich eines der schlimmsten Biere.« (BeerBenji)

4. Budweiser (USA)
Durchschnittliche Ratebeer-Punktzahl: 0/5
»Wer das mag, meinetwegen. Aber vielleicht solltest du öfter rausgehen oder mal mit anderen Leuten abhängen.« (BeersNoFears)

5. Skol (Brasilien)
Ratebeer-Bewertung: 1/5
»Das ist ein Witz.« (peponi)

10. Coors Light (USA)
Durchschnittliche Ratebeer-Punktzahl: 0/5
»Sieht gut und erfrischend aus. Das waren dann auch schon die Pluspunkte.« (d260005p)

9. Brahma (Brasilien)
Durchschnittliche Ratebeer-Punktzahl: 1/5
»Eines der wässrigsten Lager, das ich je probiert habe.« (Nurmis)

Kalsarikännit!

1. Snow (China)
Durchschnittliche Ratebeer-
Punktzahl: 1/5
»Schmeckt wie Wasser.« *(cagou007)*

7. Heineken (Niederlande)
Durchschnittliche Ratebeer-
Punktzahl: 4/5
»Nicht empfehlenswert.«
(wombat23)

2. Tsingtao (China)
Durchschnittliche Ratebeer-
Punktzahl: 3/5
»Armselig.« *(hrabren)*

6. Yanying (China)
Durchschnittliche Ratebeer-
Punktzahl: 3/5
»Ist gar kein Bier.« *(mansquito)*

8. Harbin (China)
Durchschnittliche Ratebeer-
Punktzahl: 3/5
»Nichts Besonderes, kann man
aber trinken.« *(John44)*

Quelle: Bloomberg, Ratebeer

Kalsarikänni – häufig gestellte Fragen

Frag das Norra Haga Party Central-Institut, was du willst!
Wir antworten, was wir wollen.

Frage: Ich habe nur drei Stunden Zeit. Genügt das für Kalsarikänni?

Antwort: Ja. Drei Stunden sind ausreichend, um auf die innere Bremse zu treten, sofern man die Risiken minimiert und aufwühlende Außenreize meidet. In der Praxis bedeutet das: bewährte visuelle Unterhaltung, kohlehydratreiche Snacks und stufenweise entspannende, nicht zu starke Getränke, zum Beispiel Weißweinschorle. Bei Anfängern kann es Jahre dauern, den individuellen Rhythmus zu finden. Fortgeschrittene können die oben erwähnten Elemente mit mentalen Übungen verbinden,

die sie bei früheren Kalsarikänni-Erfahrungen entwickelt haben.

Frage: Kann ich Kalsarikänni unter der Woche ausüben?

Antwort: Kalsarikänni ist an keinen spezifischen Wochentag gebunden. Im Gegenteil: Die aufbauende Wirkung von Kalsarikänni beruht zum großen Teil auf seiner unvermittelten Natur. Kalsarikänni folgt keinem Kalender, sondern bezieht seine Kraft aus der Spontaneität. Es schlägt genau dann zu, wenn du es am wenigsten erwartest, und macht dich gerade dadurch locker. Natürlich sollte man die Planung für den folgenden Tag in die Überlegung einbeziehen. Wenn man am nächsten Morgen um halb sechs zu einer Dienstreise aufbrechen muss, dann sollte man Kalsarikänni aus Sicherheitsgründen um ein oder zwei Tage verschieben und stattdessen früh ins Bett gehen.

Frage: Ist es okay, wenn ich jeden Tag Lust auf Kalsarikänni habe?

Antwort: Nein. Das tägliche Verlangen nach einer Kalorien- und Promilleorgie ist eher ein Anzeichen für lang anhaltenden Stress, eine Depression oder eine Kombination aus beiden, als für das gesunde Bedürfnis, sich herunterzufahren oder zu belohnen. Wenn der Gedanke an Kalsarikänni schon tagsüber verlockend ist, dann ist das ein Anzeichen dafür, dass etwas nicht nach Plan läuft. Natürlich hat jeder mal Krisen, und jeder Mensch ist unterschiedlich, aber wenn Kalsarikänni zur Routine wird und nicht mehr mit einer heiteren Lockerheit verbunden ist, dann ist es Zeit für ein inneres Entwicklungsgespräch. Dabei sollte man sich selbst gegenüber nicht zu streng, aber auch nicht zu nachsichtig sein. Und die Bedeutung einer Unterstützung von außen können wir dabei nicht genug betonen.

Frage: Bin ich normal, wenn ich Kalsarikänni am liebsten mit einem Freund oder einer Freundin ausübe?

Antwort: Natürlich. Manche Menschen sind eben einfach so gesellig, dass physische Isolation für sie schlicht undenkbar ist. Beim gemeinschaftlichen Kalsarikänni ist die Kommunikation schneller, da man die Körpersprache sofort interpretieren kann. Ein guter Freund kann schon an der kleinsten Geste ablesen, wenn er dir Wein nachschenken oder dir aus dem Kühlschrank ein Bier mitbringen soll. Und eine ganz strenge Einzeldisziplin ist Kalsarikänni ja nun sowieso nicht. Denn die Interaktion mit Artgenossen in den sozialen Medien gehört fast ausnahmslos dazu. Daher ist es sogar ein Privileg, Kalsarikänni zusammen mit einem Freund oder einer Freundin in einem Raum auszuüben.

10.
Selbstmitleid
und Kalsarikänni

Der reinigende Effekt von Selbstmitleid. Bei dauerhafter
innerer Sackgasse auf Kalsarikänni verzichten.

Kalsarikänni ist die seelische Tankstelle, an der kleine
Reparaturen durchgeführt werden und die sicherstellt,
dass der Motor bis zur nächsten Etappe wieder rund-
läuft. Bei Bedarf bekommt man dort schnelle und präzise
Hilfe für seinen inneren Motorraum – also den Ort, den
der durchschnittliche Autofahrer etwa fünfmal in seinem
Leben zu Gesicht bekommt. Dennoch sollte man einen
Unterschied machen zwischen Problemsituationen, die
bei einer Stippvisite zu bewältigen sind, und solchen, die
etwas mehr Aufwand erfordern.

Manche negativen Emotionen lassen sich durch wiederkehrendes Kalsarikänni und das einfache Verstreichen-lassen der Zeit lösen. Andere wiederum erfordern einen längeren inneren – und möglicherweise auch äußeren – Dialog, und in dieser Zeit ist es überaus wichtig, die Finger von Ethylalkohol und übermäßigen Fressorgien zu lassen. Die Fähigkeit zu erkennen, ob und wann eine Therapie – in welcher Form auch immer – nötig ist, wächst mit fort-schreitendem Wissen und der eigenen Lebenserfahrung.

Im Klartext: Wenn Ängste, Niedergeschlagenheit, extre-mes Selbstmitleid, Schlafstörungen oder andere psychi-sche Probleme länger bestehen oder mit der Zeit schlim-mer werden, kann Kalsarikänni nicht mehr als richtige Lösung angesehen werden. Im Gegenteil, der Missbrauch von Kalsarikänni kann die Situation sogar noch verschär-fen. Vor allem Menschen mit Depressionen und/oder Alkoholabhängigkeit legt das Norra Haga Party Central-Institut die weiterentwickelte Form des Kalsarikänni ans Herz, nämlich Kalsarikänni ohne Alkohol (mehr dazu im Kapitel *The Next Level*), und empfiehlt das Hinzuziehen einer psychologisch geschulten Person.

In erster Linie ist Kalsarikänni als Kurzzeittherapie ge-dacht, um Stressspitzen auf ein erträgliches Maß runter-zuregeln. Vernünftig angewandt ist diese finnische The-rapieform eine hervorragende Möglichkeit, sich von Stresssituationen und besonderen Arbeitsbelastungen

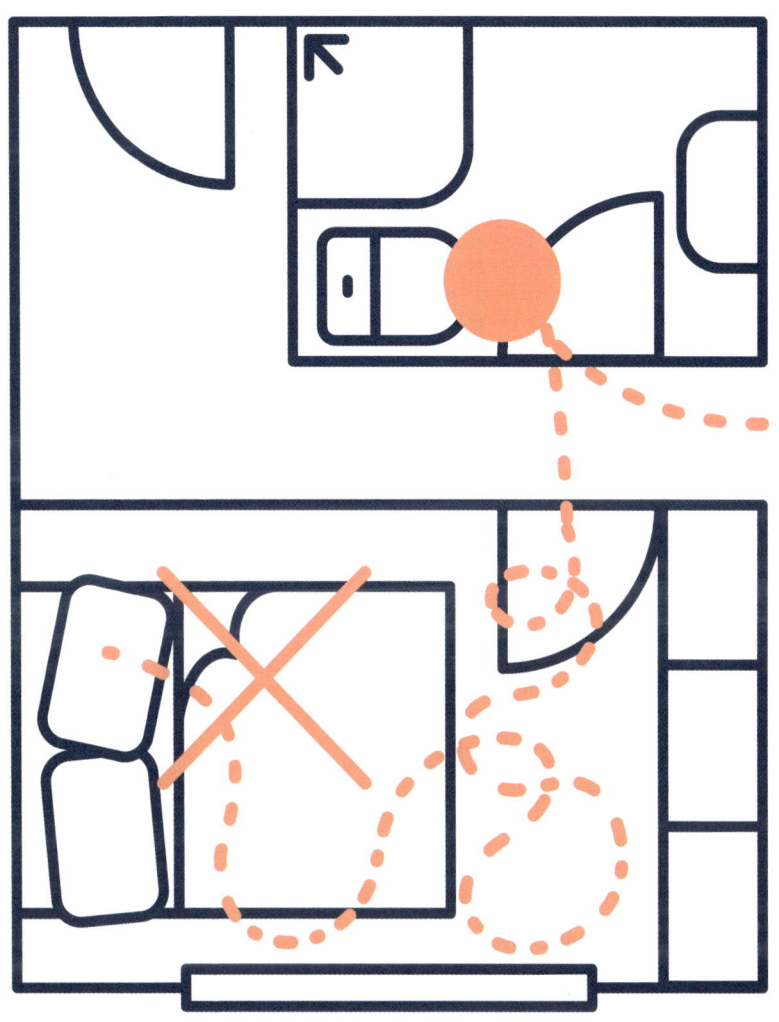

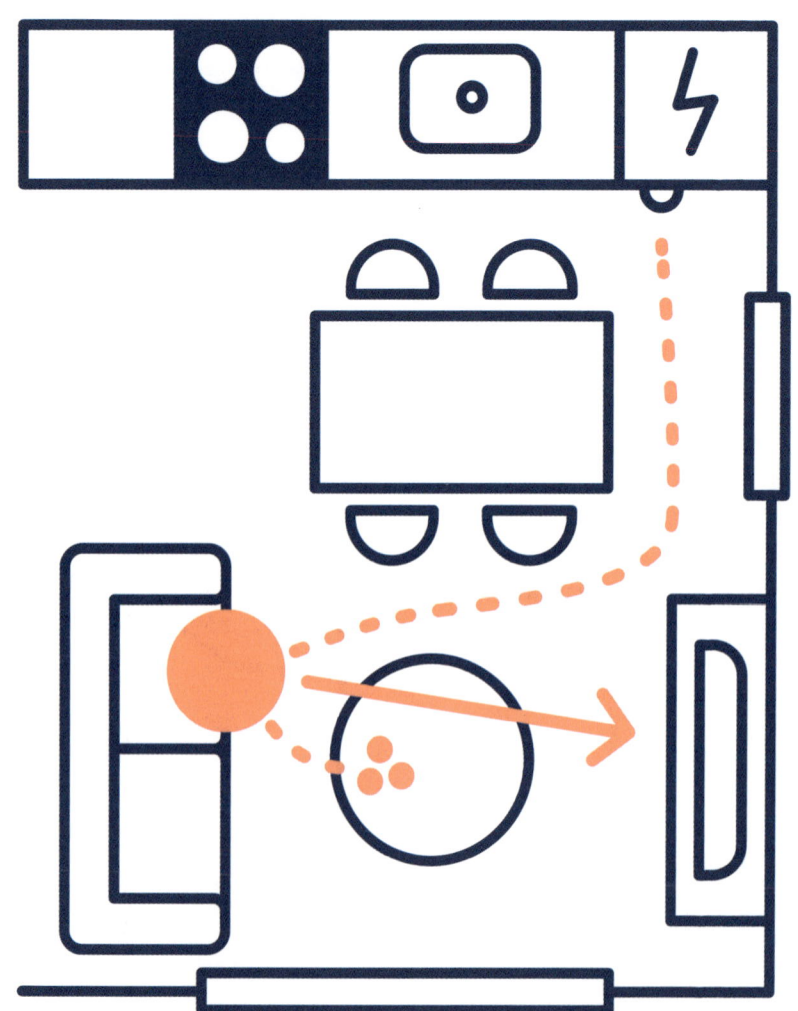

zu erholen, emotionale Knoten zu lösen oder als Katalysator dafür zu fungieren. Der unten stehende Erfahrungsbericht der Kriminalreporterin ist ein gutes Beispiel dafür.

In einer Trennungssituation zum Beispiel kochen die Emotionen hoch, aber unsere Gesellschaft verlangt, dass sie im Zaum gehalten werden. So kann beispielsweise am Arbeitsplatz eine Rotz und Wasser heulende Kollegin bei anderen Mitarbeitern Verwirrung und Besorgnis auslösen. Oder wenn in einem Kundengespräch einer der beiden Beteiligten mit verweinten Augen immer wieder vom Scheitern seiner Beziehung anfängt, dann könnte das Gespräch in eine ungünstige Richtung entgleiten. Außerdem eignen sich die fusseligen Servietten in den gängigen Konferenzräumen überhaupt nicht zum Naseputzen.

Ob man will oder nicht: In unserer westlichen Arbeits- und auch Studienwelt ist eine intakte Fassade gefragt. Kalsarikänni hingegen ist die perfekte Antithese dazu, und als solche kann es äußerst heilend und befreiend wirken. Denn wenn man während einer persönlichen Krise zur Zurückhaltung gezwungen ist, kann das sehr anstrengend sein und dazu führen, dass sich der seelische Schmerz verkapselt und in eine innere Sackgasse führt. In so einer Lage kann Kalsarikänni den Staudamm sprengen und als Katalysator zur Lösung der Situation führen.

Die Wissenschaft hat sich bisher erstaunlich wenig

mit den heilenden Eigenschaften des Weinens beschäftigt. Man weiß, dass der Mensch über dreierlei Arten von Tränen verfügt. Erstens die *basalen Tränen*, also den Tränenfilm, der die Augen feucht hält. Zweitens *Reflextränen*, die durch einen Nervenreiz der Augen oder des Gesichts ausgelöst werden. Und drittens die *emotionalen Tränen*, die sich von den anderen Tränentypen sowohl in Ursache als auch Zusammensetzung unterscheiden. Der Reiz für diese Tränen entsteht im Gehirn, und mit ihnen werden auch Hormone ausgeschieden. Manche Forscher sind der Auffassung, dass sich der Körper durch das Weinen überschüssiger Hormone entledigt, und daher habe das Weinen eine befreiende und reinigende Wirkung.

Wenn das stimmt, dann lohnt es sich, durch kleine Tricks emotionale Tränen hervorzukitzeln. Herrscht im psychophysischen Bereich eine Spannung, die sich nicht selbst lösen lässt, kann man sich mit starken emotionalen Außenreizen behelfen – beispielsweise einer guten alten Filmschnulze. Sobald sich die Tränenkanäle öffnen, kann man alles auf eine Karte setzen und gleichzeitig seinen eigenen jämmerlichen Zustand beweinen.

Beim maßvollen Kalsarikänni kann ein moderater allgemeiner Weltschmerz plötzlich zu einem befreienden Heulen eskalieren, das so lange andauern darf, wie die Tränen reichen. Sich in seinen Gefühlen zu suhlen ist ein guter Anfang, und sich in tiefere Gewässer zu begeben kann ein durchaus kathartisches Erlebnis sein. Noch besser ist es womöglich, wenn man mithilfe eines Kommunikationsgerätes den Kontakt zu einer vertrauten Person hält und die Gefühle gemeinsam durchlebt. Verständnislose Außenstehende sollten in diesem Prozess unbedingt gemieden werden – ihre Reaktionen könnten die eigene Misere noch vertiefen. Hände weg von Livestreams!

Stimmen zu Kalsarikänni

»Ich kann mich noch gut an Kalsarikänni anlässlich meiner Scheidung mit 25 erinnern. Ich hatte ziemlich schnell eine Flasche Wein weg und rauchte ausnahmsweise aus dem offenen Fenster meiner Mietwohnung. Dabei suhlte ich mich massiv in Selbstmitleid, inklusive Wimperntusche, die auf meinen Wangen verlaufen war. Da hatte ich natürlich überhaupt nicht das Bedürfnis, in eine Kneipe zu gehen. Aber trotzdem war das irgendwie eine reinigende und lohnende Erfahrung, so wie es im Idealfall bei Kalsarikänni ja auch sein soll.«

– Kriminalreporterin, 35

II.
Lethargie im Hotel – Chancen und Gefahren

Das Hotel und der Gelegenheitsreisende. Langeweile zielgerichtet bekämpfen. Vorbereitung nicht vergessen!

Gesegnet sind die, die durchschnittlich einmal pro Jahr im Urlaub im Hotel übernachten. Für sie ist die nächtliche Touristenverwahranstalt eine exotische Erfahrung: Das Bett ist gemacht! Jemand hat staubgesaugt! Am Badezimmerspiegel sind keine Zahnpastaflecken! Der Fernseher kennt meinen Namen!

Menschen hingegen, für die Reisen und Hotelübernachtungen zum Job gehören, sind in einer anderen Position. Sie steigen aufgrund von Sportturnieren, Schulungen, Parteitagen, Buchmessen oder Kundenterminen regelmäßig in identischen Bunkern ab. Ihnen droht die typische Hotel-Lethargie, sprich ein innerer Stillstand aufgrund einer wiederholten oder längeren Einquartierung im Hotel. Das kann passieren, wenn einem in einer fremden Umgebung keine angenehme Beschäftigung einfällt: Denn in einem Hotelzimmer sind weder persönliche Sachen noch Partner/Partnerin oder Familie vorhanden.

In dieser Situation ist guter Rat gefragt. Doch das Norra Haga Party Central-Institut hat die Lösung gefunden: Kalsarikänni ist genau das richtige Vehikel, um Gefühle von Entfremdung, Kraftlosigkeit und Apathie im Hotel zu bekämpfen. Mit seiner Hilfe ist es ein Leichtes, überall ein kleines Stück Zuhause zu schaffen – wo auch immer man seine Nacht verbringen muss.

Genau, so erstaunlich es klingen mag: Kalsarikänni, der Grundpfeiler der gemütlichen Entspannung in den eigenen vier Wänden, funktioniert auch, wenn man nicht zu Hause ist. Das A und O ist Ruhe. Die Zeit für sich selbst muss man sich bewusst, unter Umständen sogar brüsk, freischaufeln. Jeder hat ein Recht darauf, unter großem Druck auch einmal im Privaten durchzuatmen. Daher sollten alle, die beruflich viel reisen, von ihrem Arbeitgeber immer ein Einzelzimmer einfordern.

Selten wird eine Konferenz oder ein Seminar so lange

CHIPS

Survival Kit fürs Hotel:

TASCHEN-TÜCHER

HAND-SCHELLEN

HOCHWERTIGER SCHNAPS

3X CRAFT BEER

PICCOLO

SMARTPHONE, KOPFHÖRER, LADEGERÄT

BONBONS

WOLLSOCKEN

NOTIZBUCH

KÄSE

SALAMISTICKS

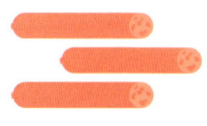

Helsinki ist die weltweit zweitbeliebteste Stadt für Start-up-Unternehmen

1.	Singapur
2.	Helsinki
3.	San Francisco
4.	Berlin
5.	Stockholm
6.	Tel Aviv
7.	Zürich
8.	Seoul
9.	Hamburg
10.	Toronto

Quelle: Nestpick

dauern, dass man abends nicht wenigstens ein, zwei Stunden zur Erholung und einem inneren Debriefing erübrigen kann. Falls es sich doch länger hinzieht, sollte man vorzeitig aus der letzten Besprechung verschwinden. (Tipp: Kopfschmerzen vortäuschen.) Der meditative Charakter von Kalsarikänni kommt nur zu seinem Recht, wenn der Anwender weiß, dass er die nächsten Stunden ganz für sich hat und kein Kollege sich aufdrängt, um noch einmal gemeinsam die Präsentation für morgen durchzugehen.

Gelungenes Kalsarikänni im Hotel setzt voraus, dass man sich vorbereitet und bereits das Basisset eingepackt hat: ein paar Einheiten Alkohol, ein Buch oder eine Zeitschrift, Zugang zu sozialen Medien, Wollsocken, etwas zu knabbern.

Wer mit der Theorie und Praxis des Kalsarikänni noch nicht so vertraut ist, wird sich vielleicht über die Wollsocken wundern, aber die Forschungsabteilung Thermodynamik am Norra Haga Party Central-Institut versichert, dass jeder, der sie einmal ausprobiert hat, sie nicht mehr missen möchte. Denn Wollsocken wärmen nicht nur, sondern sind auch konkurrenzlos, um die positiven und heimeligen Assoziationen zu wecken, mit denen man gut zur Ruhe kommt. Der Ursprung der Wollsocken liegt natürlich im kalten Norden, doch diese Innovation kann in jedem Hotelzimmer der Welt angewendet werden, in dem es entweder zieht oder in dem die Klimaanlage zu kalt eingestellt ist.

Die ideale Temperatur für Kalsarikänni liegt in einem Bereich, der es erlaubt, lediglich Unterwäsche und Wollsocken zu tragen. In der Praxis sind das etwa 24 bis 26 Grad Celsius. Natürlich ist das nicht ökologisch korrekt, aber der CO_2-Ausstoß einer einzel-

nen Kalsarikänni-Session im Hotel ist immer noch weitaus geringer als der aller pupsenden Kühe weltweit.

Das Hotelzimmer ist zwar eine zeitlich und räumlich begrenzte Gelegenheit, sich selbst zu verwirklichen, doch sie bietet einen enormen Spielraum. Wer Kalsarikänni im Hotel plant, hat mit dem Preis für das Zimmer für vierundzwanzig Stunden einen Raum erworben, der gewagtes, wenn nicht gar ausschweifendes Benehmen ermöglicht und zulässt. Hier kann Kalsarikänni sich vielleicht sogar in Höhen aufschwingen, die unter den zu Hause herrschenden Regeln und Zwängen gar nicht denkbar wären: Im Hotel schaut dir niemand auf die Finger, nicht einmal du selbst. Die zeitliche Begrenztheit und Anony-

Finnland ist weltweit das zweitbeste Land, ein Mädchen zu sein

1.   Schweden
2.   Finnland
3.   Norwegen
4.   Die Niederlande
5.   Belgien
6.   Dänemark
7.   Slowenien
8.   Portugal
9.   Schweiz
10.   Italien

Quelle: The Save the Children Fund

mität der Hotelsituation können auf den Kalsarikänni-Anwender eine befreiende Wirkung haben. Man kann seine Grenzen austesten und überschreiten. Niemand wird je erfahren, ob du dein Gepäck und deine Klamotten überall im Raum verteilst, ob du deine diversen Körperöffnungen unter die Lupe nimmst oder ob du nackt am Hotelfenster Poledance-Moves übst. Zu Hause könnten diese Aktivitäten negativ aufgefasst werden, aber unter Kalsarikänni sind sie erlaubt, wenn nicht gar erwünscht.

Stimmen zu Kalsarikänni

»Mehr als einmal habe ich mir nach drei, vier Bier mit Hingabe meine eigene Musik angehört, mir meine eigenen Videos angesehen und mir dabei anerkennend auf die Schulter geklopft. Das hat mich bestärkt und inspiriert. Selbstkritik hat in der euphorischen Phase von Kalsarikänni nichts zu suchen. Bier ist ideal, um sich angenehm entspannt in den ganz eigenen Nostalgiehimmel zu befördern. Rotwein ist da schon zu hart. Allerdings wirkt ein Tropfen mit mittlerem Tanningehalt erstaunlich ermutigend.«

– Musiker und Komponist, 46

12.
Wie kriege ich das Bier kalt?

Getränkekühltipps für Geduldige und Ungeduldige

Die Blitzentspannung und Erholung durch Kalsarikänni kann man also auch anderswo als im vertrauten Bannkreis der eigenen vier Wände erleben. Dabei ist die größte Herausforderung des Kalsarikänni-Anwenders unter harten Außenbedingungen, eine Bierflasche oder -dose möglichst schnell auf Trinktemperatur herunterzukühlen. Fast jeder, der schon einmal das Do-it-yourself-Zen-Erlebnis gesucht hat, kennt das Problem: Der Zeitpunkt wäre genau richtig für eine Kalsarikänni-Session, aber das Bier hat leider Zimmertemperatur.

Der Möglichkeiten, Getränke in annehmbarer Zeit zu kühlen, sind viele. Leider gibt es keine Methode, die schnell und kostengünstig zugleich ist. Im Folgenden einige Bierkühl-Tipps aus der Kühlberatungsabteilung des Norra Haga Party Central-Instituts. Sie sind ebenso auf Getränke wie Cidre oder Sekt anwendbar.

1. Tiefkühlfach

Am einfachsten ist es, wenn man ein Tiefkühlfach und Eis zur Verfügung hat. Das trifft allerdings nur zu Hause, in außergewöhnlich gut ausgestatteten Hotelzimmern oder in AirBnB-Unterkünften zu. Eine 0,3-Liter-Dose kann man in einem Tiefkühlgerät, je nach Bauart, in 30 bis 50 Minuten auf Trinktemperatur herunterkühlen. Wer die Bierdose allerdings zu einem steinharten Eisklumpen gefrieren lässt, outet sich als unprofessioneller Stümper. Nach dem Auftauen ist das gefrorene Bier zwar durchaus wieder trinkbar, aber es enthält dann weniger Kohlensäure – bäh!

Die Tiefkühlmethode kann man noch etwas beschleunigen, indem man die Dose mit angefeuchtetem Küchenpapier umwi-

ckelt. Dabei muss sichergestellt sein, dass kein Wasser vom nassen Papier ins Tiefkühlfach tropft. Auf diese Weise verkürzt sich die Kühlzeit um 10 bis 15 Minuten.

Die schnellste und risikoärmste Kühlstrategie an einem Ort mit Tiefkühlgerät ist, eine große Schüssel oder einen Eimer mit Eiswürfeln und kaltem Wasser zu füllen. Diese allseits bekannte Methode kann man noch perfektionieren, indem man eine Handvoll Salz dazugibt. Das erfordert einen gewissen Aufwand, doch so kann man Bier sogar schon in 2 bis 5 Minuten auf Trinktemperatur herunterkühlen.

2. Kühlschrank

Wer nur einen Kühlschrank zur Verfügung hat, sollte rasch handeln. Am besten platziert man das Bier sofort am kältesten Ort im Kühlschrank, in der Regel ist das der hintere Bereich des unteren Regals. Zwei Flaschen behält man für eine Sonderbehandlung zurück. Diese besteht darin, die Flaschen unter fließendes kaltes Wasser zu stellen. Nach etwa einer

Viertelstunde ist das eine von beiden zwar immer noch warm; aber das muss man einfach akzeptieren. Dafür ist das zweite Bier schon etwas erträglicher.

3. Naturkräfte

Als Kalsarikänni-Anwender kann man sich auch in Situationen wiederfinden, in denen einem nur die Kräfte der Natur zur Verfügung stehen. Das kann beispielsweise in einem Sommerhaus ohne Stromanschluss sein. Diese Kühlmethoden gehören denn auch zum echten finnischen Volksgut, denn nach Angaben des finnischen Statistikzentrums gab es 2015 in Finnland etwas über eine halbe Million Sommerhäuser (vgl. die Gesamtbevölkerung von 5,5, Mio).

Bei der *Windsockenmethode* wird eine Bierflasche in eine angefeuchtete Sportsocke gesteckt und an einem Baum festgebunden. Ist der Wind stark genug, dürfte das Getränk innerhalb einer halben Stunde ausreichend

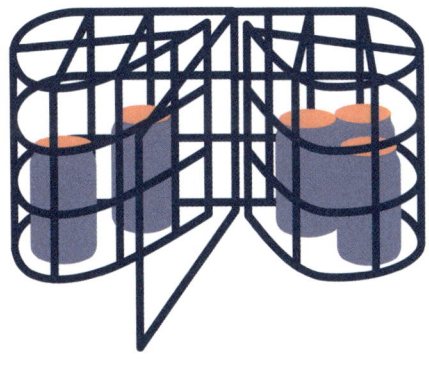

kühl sein. Die *Zeitungsmethode* besteht darin, dass man Zeitungspapier in Streifen reißt, diese anfeuchtet und die Flaschen damit umwickelt. Das Wasser im Papier verdunstet und kühlt so die Flasche. Die beste Öko-Kühlmethode ist allerdings die *Naturwassermethode*. Dabei kommen die Bierflaschen in eine Plastiktüte oder – falls vorhanden – eine Reuse, die dann vorsichtig in einem See oder Fluss zu Wasser gelassen wird. So können Getränke schon innerhalb von 15 Minuten trinkfertig sein. Die *Druckluftmethode* ist der letzte Versuch, wenn das Verlangen nach einem kühlen Bier übermächtig ist (und man zu viel Geld hat). Dazu benötigt man zwei Dosen Druckluftspray. Die Druckluft wird rundherum auf die Dose oder Flasche gesprüht. Mit dieser Methode kostet ein kühles Bier dann an die 20 Euro, aber hey – immerhin ist es kalt!

13.
Tütenbier – die Sommerversion des Kalsarikänni

Sobald die Temperatur über den Gefrierpunkt steigt, wird der Finne munter. Helsinkis stimmungsvollste Orte für ein gepflegtes Bier im Park.

Ohne Zweifel eignet sich Kalsarikänni am besten für die dunkelsten Monate des Jahres. So zeigt sich die Sonne in Helsinki beispielsweise zur Wintersonnenwende nur etwa sechs Stunden am Tag. Wenn die dunkle Zeit zu Ende geht, erwacht der Finne allmählich aus seiner Winterstarre. Er sieht die Sonne wie zum ersten Mal: Ungläubig und mit zusammengekniffenen Augen inspiziert er die taghelle Natur.

In Finnland gibt es vier Jahreszeiten: den regnerischen

Herbst, den dunklen Winter, den matschigen Frühling und den Sommer. Die kürzeste Jahreszeit ist der Sommer, er fällt normalerweise auf die letzten beiden Juliwochen. In dieser Zeit kann es passieren, dass der Finne, durch Wärme und Licht berauscht, seine vier Wände verlässt und ein *Tütenbier* zu sich nimmt. Eine alte Redensart besagt: Der finnische Sommer ist kurz und schneearm. Steigen die Temperaturen über 25 Grad, muss man den Moment beim Schopf packen.

Und was ist mit Kalsarikänni? Nichts! Wenn der thermische Sommer beginnt, will der Finne plötzlich nur noch draußen sein und tauscht die heimische Kalsarikänni-Arena gegen die Außenwelt. Die Sprüche, die man sonst mit den Freunden über die sozialen Medien austauscht, finden jetzt plötzlich in der realen Welt statt. Eine überraschende Wendung; aber das kann der helle – und manchmal sogar über 15 Grad warme – finnische Sommer bewirken.

Worum geht es also? Das Konzept des Tütenbiers ist so

einfach wie das Wort selbst: Tüte (Plastiktüte) plus Bier. Es funktioniert so, dass man sich im Supermarkt kaltes Bier kauft, es in eine Plastiktüte packt und dieses dann in den Parks oder sonstigen Naherholungsgebieten der Umgebung zu sich nimmt. Ist das Bier alle, setzt man den Abend nach Möglichkeit in einem nahegelegenen Lokal fort.

Die finnische Hauptstadt Helsinki wird häufig als Weiße Perle der Ostsee beschrieben. Nach Angaben der Ländervergleichsgruppe im Norra Haga Party Central-Institut ist sie zudem eine der führenden Tütenbierhauptstädte der Welt. Die hellen Sommernächte, die Lage am Meer und die idyllischen kleinen Parks schaffen ideale Bedingungen, um Helsinki buchstäblich auf der Graswurzelebene kennenzulernen. Hat man beispielsweise Tütenbierabende an drei verschiedenen Orten verbracht, zeigt sich die Stadt in ganz neuem Licht. Und im Sommer gibt es reichlich davon: Zur Sommersonnenwende verschwindet die Sonne in Helsinki nur für fünf Stunden hinter dem Horizont.

ELÄINTARHA

TOKOINRANTA

TERVASAARI

**SINEBRY-
CHOFFIN
PUISTO**

KAIVOPUISTO

Die Empfehlungen von Norra Haga Party Central für die besten Tütenbier-Locations in Helsinki

1. Kaivopuisto – der Brunnenpark

Der Klassiker. Der an der Südspitze der Halbinsel von Helsinki gelegene Park wurde in den 1830er Jahren eingerichtet, zusammen mit einem Kurbad, das seinerzeit bei der Petersburger Schickeria beliebt war. Favorit der Traditionsbewussten. Von den Felsen aus gute Sicht auf das Meer und die Festungsinsel Suomenlinna. Danach weiterfeiern im: Sea Horse.

2. Tervasaari – die Teerinsel

Exotik für alle Sinne. Von der kleinen Insel, dem Stadtteil Kruununhaka vorgelagert, hat man einen erstklassigen Blick sowohl auf die Bühne des Flow-Festivals als auch auf die Liegeplätze der finnischen Eisbrecherflotte und das neoklassizistische Gebäude des Außenministeriums im Stadtteil Katajanokka. Als Tüpfelchen auf dem i hört man auf der nahegelegenen Zooinsel Korkeasaari die Löwen brüllen. Danach weiterfeiern im: Kolme Kruunua.

3. Eläintarha – Stadtteil Zoo

Rockmusik und Sport! Auf dem Hügel zwischen Schwimmstadion und Stadtgarten kann man Konzerte im Olympiastadion für lau verfolgen, ebenso wie die Fußballspiele, in denen die finnische Nationalmannschaft traditionell verliert. Danach weiterfeiern in: einer beliebigen Sportsbar nahe der Eishalle.

4. Sinebrychoffin puisto – der Sinebrychoff-Park

Abhängen mit den Lokalmatadoren. Das Gelände gehörte ursprünglich zum Grundstück der Brauerei Sinebrychoff und ist heute (auch) bei Hipstern beliebt. Charakteristisch ist der in den 1860er Jahren errichtete rote Ziegelturm. Im Winter kann man hier auch rodeln. Danach weiterfeiern im: Salve.

5. Tokoinranta – das Tokoiufer

Hier kann man die schönsten Sonnenuntergänge der Innenstadt erleben. Wer die Atmosphäre zu pittoresk findet, kann sich zu den örtlichen Berufstrinkern gesellen, für die Tütenbier zum Alltag gehört. (Proceed with caution.) Danach weiterfeiern im: Rytmi.

Bonus: Koskipuisto in Tampere

Wem Helsinki als Tütenbier-Location nicht ausreicht, dem empfehlen wir die 178 Kilometer lange Fahrt nach Tampere, der größten Stadt des finnischen Hinterlandes. Am Ufer des Tammerkoski kann man wunderbare Abende im Koskipuisto, dem Stromschnellenpark, verleben, mit herrlichem Blick über die historischen Industrieanlagen aus dem 19. Jahrhundert. Danach weiterfeiern im: Plevna.

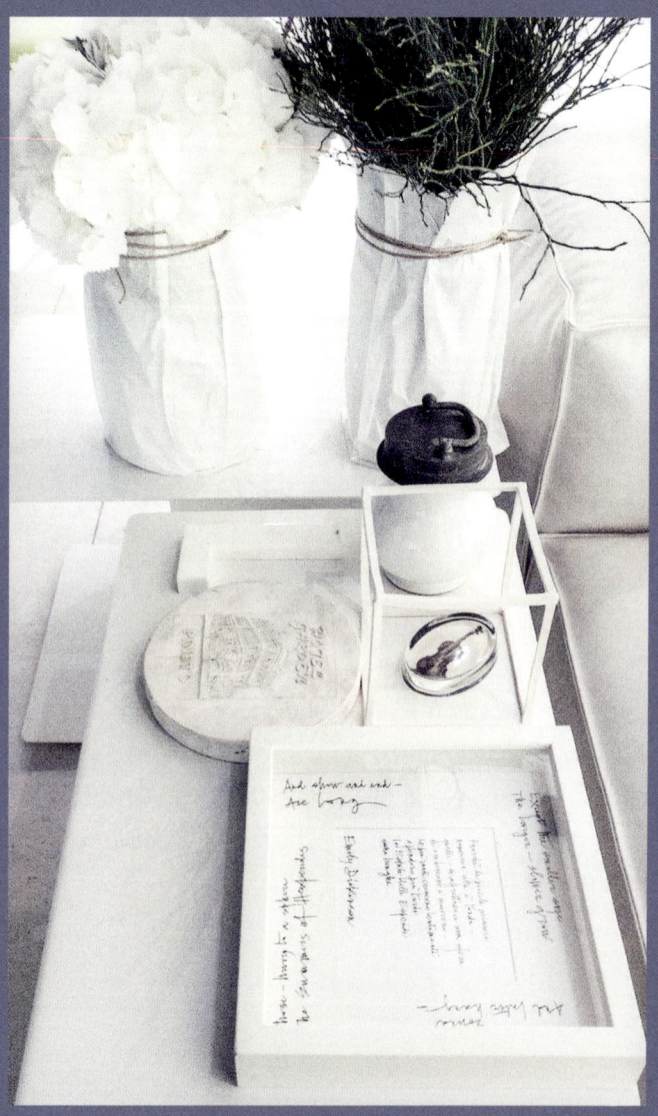

14.
Kalsarikänni
in Bewegung

Beschäftigungstherapie bei Kalsarikänni. Vorsicht: Beim Aufräumen nicht übertreiben – später findest du die Sachen nie wieder.

Auch wenn Kalsarikänni eine wichtige Entspannungsfunktion erfüllt, heißt das nicht, dass man dabei völlig untätig sein muss. Viele geben sich damit zufrieden, einfach auf dem Sofa abzuhängen, und das ist auch völlig in Ordnung, aber für manche ist gerade eine leichte physische Betätigung nebenbei als therapeutische Erfahrung der Schlüssel zur richtigen Gemütslage.

Nach Angaben führender Vergangenheitsexperten des Norra Haga Party Central-Instituts hat diese Praxis ihre Wurzeln in der Agrargesellschaft früherer Zeiten, in der es mehr Arbeit gab, als bei Tageslicht verrichtet werden konnte. Als die automatisierte Landwirtschaft Einzug hielt, hatte man auf einmal Freizeit, die jedoch aus alter Tradition mit allerhand nützlichen Tätigkeiten gefüllt werden wollte. Beispielsweise war es im landwirtschaftlichen Finnland der 1960er Jahre üblich, dass die weiblichen Familienmitglieder beim Fernsehen Strümpfe stopften oder andere nützliche Arbeiten verrichteten. Das Stricken hat sich bis in unsere Zeit hinein erhalten.

Im Folgenden die besten Tipps des Norra Haga Party Central für die Beschäftigungstherapie unter Kalsarikänni. Dennoch ist es auch hier empfehlenswert, ein gewisses Maß zu wahren. Urbane Legenden wissen von hitzigen Kalsarikänni-Aufräumorgien zu berichten, nach denen bestimmte Gegenstände nicht mehr auffindbar waren.

Haushalt

- » Schwarze Socken sortieren

- » Das Wachs aus Kerzenhaltern kratzen

- » Die Krimskrams-Schublade der Flurkommode aufräumen

- » Staubsaugen

- » Zersprungene CD-Hüllen durch neue ersetzen

- » Handwäsche

- » Schwedische Möbel zusammenbauen, auseinandernehmen, zusammenbauen, auseinandernehmen usw.

- » Wäsche zusammenlegen

- » Die verkohlten Krümel aus dem Toaster schütteln

Physische und psychische Hygiene

» Nasen- und Ohrhaare trimmen

» Hornhautentfernung

» Gesichtsmaske

» Mitesser ausdrücken

» Zahnseide anwenden

» Rasur der Beine o. a. (birgt ein Gefahrenmoment)

» Selbstgeschriebene Gedichte aus der Teenagerzeit lesen

» Alte Tagebücher lesen

» Alte Facebookeinträge lesen

» Bauch- und Rückenmuskeltraining

» Candy Crush oder ähnliche Handyspiele spielen

» Liegestütze

» Bei interaktiven Radiosendungen anrufen

Unangenehme Tätigkeiten

» Das Sieb im Duschabfluss austauschen

» Klo putzen

» Undefinierbares Zeug vom Küchenfußboden abkratzen

» Das Spülmaschinensieb reinigen

» Blindwütig den Abfallschrank schrubben

» Den Backofen putzen

» Im Sommerhaus: das Plumpsklo ausleeren

Stimmen zu Kalsarikänni

»Im Studium hatte ich mit meinem damaligen Freund eine Fernbeziehung. Als wir uns an einem Wochenende nicht sehen konnten, vereinbarten wir für Freitagabend eine Skype-Unterhaltung. Wir beschlossen eine gemeinsame Kalsarikänni-Session per Video. Der Abend war lustig und lief darauf hinaus, dass ich an der Tastatur einschlief.«

– Medienunternehmerin, 32

»Eigentlich übe ich nicht Kalsarikänni, sondern ich pilgere. Früher habe ich meine Hündin Belinda ausgeführt und sie entscheiden lassen, welchen Weg wir nehmen. Dabei habe ich gleichzeitig ein Sixpack Bier ausgeführt und Musik gehört. Inzwischen ist der Hund schon zehn Jahre tot, und jetzt muss ich meine Route nach einer Art geistiger Verbindung ins Jenseits wählen. Auf diesen Wallfahrten stelle ich heutzutage potenzielle Stücke für DJ-Sets zusammen.«

– Sounddesigner, 48

»Bei mir beginnt Kalsarikänni oft in dem Moment, in dem es im Kinderzimmer ruhig wird. Wenn die kleinen Augenlider sich schließen, öffnet Mama eine Dose. Es zischt. Ein Dosen-Longdrink, den ich in Jogginghose oder Bademantel auf dem Sofa trinke, symbolisiert für mich pure Erleichterung: die Arbeit ist für diesen Tag getan, jetzt kann ich durchatmen. Ich trinke langsam und genüsslich. Eine 0,33-Liter-Dose hält da durchaus eine Stunde. Anschließend putze ich mir die Zähne und gehe ins Bett, wenn ich nicht schon auf dem Sofa eingeschlafen bin. Dann bleibt die geöffnete Dose auf dem Couchtisch stehen, und am nächsten Morgen kippe ich den abgestanden Rest in den Ausguss.«

– Produzentin, 39

15.
Kochen um
Mitternacht

*Kleine Gerichte und große Getränke. Die Höhepunkte der
großen Umfrage des Norra Haga Party Central-Instituts
zum Thema Essen.*

Überzeugendes empirisches Material entkräftet alle Ge-
genargumente: Bei Kalsarikänni geht es nicht darum, ge-
sund, vielseitig und ökologisch nachhaltig zu essen. Der
Abend darf und sollte von Lebensmitteln begleitet sein,
die reichlich Salz, Fett und Zucker enthalten.

Warum bekommt man bei Kalsarikänni Hunger?
Einige mögliche Erklärungen:

Einer Theorie zufolge zersetzt der Körper den Alkohol
möglichst schnell, weil es sich dabei um ein Gift handelt.
Aus diesem Grund füllen die im Alkohol enthaltenen

Kalorien den Magen nicht auf dieselbe Weise wie andere kalorienreiche Nahrungsmittel oder Getränke. Zweitens ist Appetit nicht nur ein körperliches Bedürfnis, sondern im Gehirn des Kalsarikänni-Anwenders verbinden sich Entspannung und Alkohol mit fettigem Essen. Drittens haben Untersuchungen der amerikanischen Universität Purdue gezeigt, dass salzige Speisen in Verbindung mit Alkohol besser schmecken und daher die Schwelle zum Verzehr von Fastfood sinkt.

Na, und warum auch nicht? Dann lasst uns also reinhauen.

Im Folgenden haben wir die Höhepunkte der großen Umfrage des Norra Haga Party Central-Instituts zusammengetragen, in der die Teilnehmer gefragt wurden, welche Kleinigkeiten sie beim Kalsarikänni zu sich nehmen. Alle genannten Lebensmittel zeichnen sich durch eine gewisse Spontaneität und einen geringen Zubereitungsaufwand aus.

Vorspeisen

» Luftgetrockneter Schinken

» Chips

» Verschiedene Käsesorten mit Feigenmarmelade

» Mettwurst oder sonnengetrocknete Tomaten mit
Roggenbrot und Oliven

» Baguette mit Brie und Oliven

» Kakao

» Salami

» Sushi vom Bringdienst

» Knäckebrot

» Gewürzgurken mit Schmand
und Honig

» Belegte Brote

Hauptgerichte

» Pizza (selbst gemacht/tiefgekühlt/vom Bringdienst)

» Döner

» Clubsandwich mit gekochtem Ei und Oregano

» Pasta mit Pesto/Schinken/geriebenem Käse

» Omelett mit Füllung nach Wahl

» Currywurst mit Pommes vom Imbiss nebenan

» Aufgebackene Teigtaschen mit Butter und Mettwurst

» Baguette vom Bringdienst mit doppelt Jalapeños

» Burger mit Zutaten aus der eigenen Küche

Nachtisch

» Doppelkekse aller Art

» Eis

» Schokolade

» Gemischte Bonbons oder Fruchtgummi

» Salmiaklakritz (besonders zum Bier empfohlen)

» Rennie oder ein vergleichbares Mittel gegen
Sodbrennen

Drinkologie

Bei der Alkoholauswahl für Kalsarikänni sind dem Anwender keine Grenzen gesetzt. Im Prinzip geht alles! Die angeführten Biere und Weine sind eine gute Ausgangsbasis, die man gar nicht unbedingt verlassen muss. Doch wer von Bier ein verquollenes Gesicht bekommt oder einfach etwas Abwechslung sucht, dem stehen eine Menge Möglichkeiten zur Verfügung. Weinhaltige Mixgetränke etwa sind eine frische Alternative, die einen intensiven Abend ohne unangenehme Folgen zulassen. Ein trockener Weißwein, mit Mineralwasser im Verhältnis 2:1 zu einer Schorle gemixt, passt immer. Wer das stärkere Geschmackserlebnis sucht, kann sich Cocktails im Stil einer Bloody Mary mixen, die gleichzeitig den kleinen Hunger nach etwas Herzhaftem bedienen.

Doch Vorsicht vor Übertreibungen! Kalsarikänni hat nichts mit dem Brillieren als Barmixer oder dem genauen Abmessen von Zutaten zu tun: Auch bei der Zusammenstellung der Drinks geht es nur um persönliche Gelüste und darum, seinen Geschmacksknospen ein offenes Ohr zu leihen. Es geht um Entspannung und Genuss, nicht um Leistungsdruck.

Sangria

» 5 Orangen

» 2 Zitronen

» 1 Fl. Rotwein

» 1 l Zitronenlimonade

» Eiswürfel

Drei Orangen auspressen, die restlichen Orangen und Zitronen schälen und kleinschneiden. Saft und Fruchtstücke mit dem Rotwein mischen. Direkt vor dem Servieren die Limonade und das Eis dazugeben. Nach Geschmack mit Zimt bestreuen. Wer allein trinkt, kann die Frucht-Wein-Mischung fertig in den Kühlschrank stellen und je Glas Eis und Zitronenlimonade dazugeben.

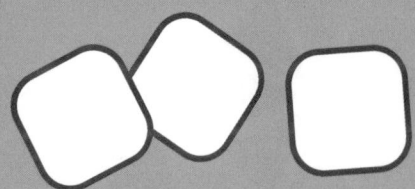

Gin Rickey

» 4 cl Gin

» 1 Limette

» Soda oder Mineralwasser

» Zuckersirup nach
Geschmack

» Eiswürfel

Ein hohes Glas mit Eiswürfeln füllen. Den Gin hinein-
gießen. Die Limette halbieren, auspressen, den Saft und
die Schalen ins Glas geben. Mit Soda auffüllen. Optional:
Den Drink nach Geschmack mit einem selbst gemach-
ten Zuckersirup süßen. Dazu 100 ml Wasser und 100 g
Zucker in einem Topf erwärmen, bis der Zucker sich auf-
gelöst hat. Ersetzt man den Gin durch Whisky, bekommt
man einen Whiskey Rickey.

Pimm's & Lemonade

» 1 Teil Pimm's No 1

» 3 Teile Zitronenlimonade

» Gurke

» Orangen

» (Erdbeeren oder Himbeeren)

» Frische Minze

» Eiswürfel

Etwas Eis, frische Minzblätter sowie ein paar Gurken-scheiben und halbierte Orangenscheiben in ein Glas ge-ben. Wer möchte, gibt noch Himbeeren oder halbierte Erdbeeren dazu. Den Pimm's dazugießen und mit Zitro-nenlimonade auffüllen. Mit einem langen Löffel umrüh-ren. Für eine größere Mannschaft kann man den Drink in einem Pitcher mixen (den man im Notfall aber auch allein austrinken kann).

16.
Drei Abende

Praktische Übungen rund um Kalsarikänni. Lass dich inspirieren – variiere unerschrocken!

Bislang haben wir uns vor allem mit dem Hintergrund und der Theorie von Kalsarikänni beschäftigt. Dennoch mag es einigen noch immer unklar sein, wie Kalsarikänni in der Praxis konkret aussieht. Wie beginnt es, woran erkennt man es, und warum ist die Mailbox am nächsten Morgen voller Nachrichten?

Man sollte sich ruhig trauen, diese Fragen zu stellen. Immerhin ist Kalsarikänni der bescheidene Beitrag Finnlands zum gemeinsamen spirituellen Erbe der Welt. Und die Verbindung von Kalsarikänni mit den spezifischen Gegebenheiten einer anderen Kultur kann völlig neue, nie dagewesene Entspannungspraktiken hervorbringen.

Um mit der Theorie abzuschließen, hat das Norra Haga Party Central-Institut drei beispielhafte Kalsarikänni-Abende entwickelt. Dadurch bekommst du ein konkretes Gefühl dafür, wie unterschiedlich Kalsarikänni-Sessions ablaufen können und wie intensiv man das Grundthema variieren kann.

Stimmen zu Kalsarikänni

»Online einkaufen ist unter Kalsarikänni echt einfach und verlockend. Im betrunkenen Zustand Klamotten und Schuhe zu bestellen habe ich mir schon verboten, aber Bücher sind irgendwie immer okay. Einmal wunderte sich ein Kollege, warum ich mit einem Stapel Bücher durch die Gegend laufe. Ich hatte sie gerade bei der Post abgeholt und überhaupt nicht mehr gewusst, was ich eigentlich bestellt hatte. Dann stellte sich heraus: Es waren Geschichtsbücher im Portugiesisch des 19. Jahrhunderts, die ich nach einem Kneipenabend bestellt hatte. Leider habe ich mit meinem schlechten Portugiesisch kaum was verstanden.«

– Hausfrau, 35

Bewegte Pause

Ein ergonomisch korrekter Arbeitsplatz verhindert vor allem bei sitzender Tätigkeit Überbeanspruchung und eine ungünstige Körperhaltung, die zu Beschwerden in Rücken, Nacken, Schultern, Armen und Beinen führen können. Das Gleiche gilt für Kalsarikänni: Wer die ganze Zeit in derselben Position auf einem Fleck hockt, tut seinem Körper nichts Gutes. Dass das Sofa eine magnetische Anziehungskraft ausübt, ist verständlich und gerade am frühen Abend auch völlig in Ordnung, aber irgendwann kommt man nicht umhin, sich darauf zu besinnen, wie wichtig etwas Bewegung ab und an ist.

Ein Teil der Aktivität ergibt sich schon durch die Kalsarikänni-Logistik, sprich die Versorgung mit fester und flüssiger Nahrung. Wer sich bei Kalsarikänni fit halten will, wird beispielsweise nicht während desselben Gangs Bier holen und zur Toilette gehen, sondern seine Schrittzahl maximieren. Diese und die im Kapitel *Kalsarikänni in Bewegung* vorgestellten Beschäftigungstherapieformen können die Schrittzahl an einem Abend (plus Nacht) durchaus auf 3.000 ansteigen lassen.

Wem an Selbstanalyse gelegen ist, der kann seine Aktivitäten mithilfe einer GPS-Sportuhr verfolgen, die es erlaubt, die in einer Nacht zurückgelegten Strecken präzise nachzuvollziehen.

Voller Elan	**mit halber Kraft**	**Zombie**

———————— 18:00 ————————

18:02 die Oberbekleidung fällt bereits im Flur	**18:11** mit dem Gesicht aufs Sofa fallen	**18:01** völlig erschlagen auf dem Flurteppich zusammensacken, röcheln
18:13 wild auf dem Sofa hüpfen	**19:11** nach einer Stunde Kalsarikänni-Grundposition erreicht	**19:59** nach zwei Stunden ins Wohnzimmer krabbeln, röcheln
19:09 Konfetti, Handklatsche, Luftballons	**19:39** Zwielicht, nur der Schein des Fernsehers flackert übers Gesicht	

———————— 20:00 ————————

20:05 Naturdoku schwer zu verfolgen, zu viel Action	**20:13** Interessante Naturdoku, dabei Weinflasche entkorken	**20:09** als Vollzombie Naturdoku schauen (Bier geöffnet)
20:45 wagemutige Tanzmoves: Bailando, I've Got the Power, What is Love?	**20:23** außerdem öffnen: Chipstüte, Bier, WhatsApp	

Voller Elan	**mit halber Kraft**	**Zombie**

———— 22:00 ————

22:07 lustige SMS an Freunde	**22:00** Katzenvideos auf YouTube, über alte Fernseh- sketche lachen	**22:13** als Vollzombie Nachrichtensen- dung schauen (Bier in der Hand)
22:12 Selfie-Grimas- sen bei Instagram		
22:17 der Computer fängt an zu spinnen	**23:45** Kopfhörer auf den Ohren, ein Buch lesen, dabei immer wieder einnicken	
23:55 beim Mitter- nachtsfilm einschla- fen, den Laptop auf dem Schoß, halb leeres Sektglas, abgebrochene Statusmeldung auf dem Bildschirm		

———— 00:00 ————

	00:15 Wo kommt der Pizzakarton her?	**00:14** Zombie-Film schauen (denken, es handele sich um eine Reality-Sendung)

———— 02:00 ————

	02:09 beim Shopping- kanal-Gucken Whisky aus einem Pappbecher trinken, Sachen im Internet bestellen	

Schlafwandeln und Kalsarikänni

Rund fünf Prozent der erwachsenen Bevölkerung schlafwandeln zeitweise. Das heißt, sie tun im Schlaf Dinge, die eigentlich dem Wachzustand zugeordnet sind.

Für den Kalsarikänni-Anwender stellt das jedoch eher eine Chance als eine Gefahr dar.

Die Kombination von geschäftigen Kalsarikänni-Abenden und Somnambulismus führt ganz von allein zu gesteigerter Fitness. Indem man die Routen variiert, eröffnen sich auch ganz neue Perspektiven auf die eigene Wohnung. An sich ist Schlafwandeln nicht gefährlich, es sei denn, man trifft auf Möbel, Legosteine, Fuchseisen oder sonstige Haushaltsgegenstände.

17.
Wenn Kalsarikänni dir entgleitet

Guter Knecht, schlechter Herr. Woran du erkennst, dass Kalsarikänni zum Problem wird.

Alkohol ist ein zweischneidiges Schwert. Wenn man zum ersten Mal in seinem Leben Alkohol trinkt, ist das meist eine der ersten Entscheidungen, die man als junger Mensch selbstständig trifft.

Warum sollte man nun kurz darüber nachdenken? Bestimmte Menschen laufen Gefahr, an Alkoholismus zu erkranken, einer Form der Drogenabhängigkeit. Doch auch ohne genetische Vorbelastung kann man zum Alkoholiker werden; das trifft auf etwa zehn Prozent der Intensivkonsumenten zu.

Drogen hat es während der gesamten bekannten

Menschheitsgeschichte immer gegeben. Man kennt archäologische Zeugnisse für den Gebrauch psychoaktiver Rauschmittel, die mindestens 10.000 Jahre alt sind. Jeder Kulturkreis hatte und hat seine eigenen Drogen. In bestimmten arabischen Kulturen schmaucht man traditionell sein Cannabis, in den Anden kaut man auf Kokablättern herum, und in der westlichen Welt trinkt man eben Alkohol. Heutzutage bleiben die Drogen allerdings nicht auf ihre ursprünglichen Kulturkreise beschränkt, sondern bewegen sich zusammen mit den Menschen um die Welt.

Man kann Drogen nehmen, um gut drauf zu kommen oder um Ängste zu betäuben. Ist man angeschickert, hat man Spaß, und alles scheint gut zu laufen. Die westliche Kultur duldet zwar Alkohol, aber die Legalität anderer Substanzen – vor allem Cannabis – hängt stark davon ab, in welchem Land oder Bundesstaat man sich aufhält. Einer eindeutigen Logik folgen diese Gesetze allem Anschein nach nicht, stattdessen handelt es sich offenbar um kulturelle Besonderheiten des jeweiligen Landes oder Verwaltungsbezirks. Klar ist aber, dass in der heutigen Zeit relativen Wohlstands die Schwelle zum Gebrauch von Drogen eher niedrig ist. Und das setzt voraus, dass die Bevölkerung gut über die Risiken und Eigenschaften von Rauschmitteln informiert ist.

Eine drogenfreie Gesellschaft kann es schon deshalb nicht geben, weil im Geschäft mit dem Alkohol sehr viel verdient wird, sowohl von den Firmen als auch – über Steuern – vom Staat. Viele Länder haben es nach dem Ersten Weltkrieg mit einer Prohibition versucht, etwa Finnland und die USA, doch diese Gesetzgebung führte eher zur Entstehung organisierter Kriminalität und zur allgemeinen Missachtung der Gesetze.

Sowohl die Freiheit zum als auch die Verantwortung für den Alkoholgenuss lasten also auf den Schultern jedes Einzelnen. Für diejenigen, die dem Alkohol nicht widerstehen können, haben wir zwei Ratschläge: 1) Übung macht den Meister, und 2) nicht vergessen, dass man Stress auch mit anderen Mitteln bekämpfen kann. Wenn Kalsarikänni zum Zwang wird und nichts mehr mit Entspannung zu tun hat, wenn man währenddessen und auch am nächsten Tag keinen Spaß hat, dann sollte man es lassen.

Stimmen zu Kalsarikänni

»Der Tag danach: ein langer Abend und ein träger Morgen. Brunch für eine Person aus den Resten vom Vorabend (fest und flüssig). Den ganzen Tag zu Hause abgehangen, Fernsehen geguckt, immer wieder weggenickt und mir selbst eingeredet, dass ich gut drauf bin.«

– Museumspädagogin, 53

Was man während Kalsarikänni nicht tun sollte

1. Eine Bewerbung abschicken
2. Einen Wikipedia-Artikel über sich selbst verfassen oder aktualisieren
3. Feinmechanische Geräte reparieren oder säubern
4. Ein klärendes Gespräch mit dem/der Ex führen
5. Sein Testament machen
6. Sich die Haare färben
7. Jemanden aus der Kindheit kontaktieren
8. Ein Kernkraftwerk leiten
9. Mit Vorgesetzten oder Untergebenen per SMS entscheidende Fragen diskutieren
10. Unter seinem eigenen Namen in fragwürdigen Webforen herumtrollen
11. Flüge oder Hotelzimmer buchen
12. Ein Jahre altes Missverständnis mit einem Freund/ einer Freundin klären
13. Aktien kaufen oder verkaufen
14. Sich die Nägel lackieren
15. In der Badewanne eine Tauchausrüstung testen
16. Anspruchsvolle Yogaübungen
17. Eine Festplatte formatieren und partitionieren sowie Linux installieren
18. Tätowieren (weder sich selbst noch andere)

19. Nach drei Staffeln *Breaking Bad* eine super Geschäftsidee haben
20. (nicht einmal einfache) Elektroarbeiten ausführen
21. Flambierte Nierchen zubereiten (oder flambiertes sonstwas)
22. Eine Motorsäge nach Gefühl reparieren
23. Auf Gruppenmails antworten
24. In Hochrisiko-Anlagen investieren
25. Immobiliengeschäfte tätigen

Stimmen zu Kalsarikänni

»Ich bin unter Kalsarikänni den Sozialdemokraten beigetreten. Zuerst habe ich das Parteiprogramm von 1903 gelesen, ein bisschen geweint, und dann bin ich eingetreten. Ich bin immer noch Mitglied.«

– Geschäftsführerin, 42

18.
The Next
Level

Kontrolle über den Geist. Die nächste Stufe im Blick: Kalsarikänni ohne Alkohol.

In diesem Buch habe ich Kalsarikänni in der Breite und Tiefe behandelt, die dem Thema angemessen ist. Es war mir wichtig, dem Leser mithilfe konkreter Beispiele zu erläutern, was – neben den praktischen Anleitungen – die wichtigsten Ziele von Kalsarikänni sind: sich einen eigenen Raum zu schaffen, zur Ruhe zu kommen und sich zu entspannen.

Kalsarikänni ist eine Lebenseinstellung und -philosophie. Alles beginnt bei der inneren Ruhe. Ist der Geist unbelastet und ausgeglichen, kommt das auch Familie und Freunden zugute. Wenn man sich selbst liebt, liebt man auch andere. Und für das alles braucht es lediglich Unterwäsche, eine moderate Menge Alkohol, etwas zu knabbern und ein Unterhaltungsgerät!

Stimmen zu Kalsarikänni

»Als ich mich vor zehn Jahren scheiden ließ, hatte ich geradezu Angst vor dem Konzept des Kalsarikänni. Ich habe es immer mit der Vorstellung verbunden, dass nur einsame Alkoholiker für sich alleine zu Hause trinken. Daher trieb ich mich abends immer auf Kulturveranstaltungen herum oder lud Leute zum Essen ein. Mit der Zeit wurde ich aber ruhiger, mein Selbstwertgefühl kehrte zurück, und das Leben setzte gnädig ein Gleichheitszeichen zwischen Kalsarikänni und einem gemütlichen Abend zu Hause. Ich gehe trotzdem immer noch gerne aus und habe Menschen um mich, für die ich koche und um die ich mich kümmere.

Doch ich habe auch die ruhigen Abende am Wochenende schätzen gelernt, an denen ich ganz für mich bin. Schon beim Kochen mache ich einen Wein auf; ein Schluck davon landet meist auch im Kochtopf. Dabei höre ich klassische Musik von einem werbefreien Sender. Dann esse und trinke ich vor dem Fernseher und schaue mir einen sorgfältig ausgesuchten Film oder eine

Serie an. Vielleicht bewege ich mich auch in den sozialen Medien, aber die klassischen Freitagabend-Ausbrüche habe ich inzwischen zu meiden gelernt. Während die Flasche sich leert, kommt der Geist zu Ruhe, und wenn ich vorsorglich vor dem Schlafengehen eine Schmerztablette nehme, habe ich am nächsten Morgen auch keinen Kater.«

– Dr. phil. (weibl.), 58

Mit der äußeren Vorbereitung ist es also nicht getan: Kalsarikänni erfordert auch die Bereitschaft, sich der eigenen Gefühle bewusst zu werden und das Kontrollzentrum des Gehirns zu trainieren. Wenn es bei Kalsarikänni einzig und allein darum geht, sich zu betrinken, dann ist etwas Grundsätzliches nicht verstanden worden.

Das lässt sich an einem Gedankenspiel zeigen: Kalsarikänni ohne Alkohol. Ist das möglich?, werden sich manche fragen. Wir sagen: Warum nicht? Wenn man rasche Entspannung anstrebt und sich Raum und Zeit dafür schaffen kann, ist es letztlich egal, ob man eine Dose Bier oder einen Bio-Guavensaft in der Hand hält (Tipp: Wer auf Alkohol verzichtet, sollte das durch etwas stylischere alkoholfreie Getränke kompensieren).

Wer als erfahrener Anwender die anderen grundlegenden Entspannungsmethoden verinnerlicht hat, kann Kalsarikänni erstaunlich mühelos zum nächsthöheren Level führen. Auf diesem Niveau ist Kalsarikänni dem Mindfulness-Gedanken näher als *Hygge* oder *Lagom*. Der wahre Kalsarikänni-Kenner kann in jeder Situation gänzlich und wahrhaftig er selbst sein. Ein harter oder sogar chaotischer Tag wird schnell friedlich und harmonisch, wenn man daran denkt, dass sich auch unter dem gut geschnittenen Anzug oder der perfekten modischen Eleganz immer etwas verbirgt: Unter unserer Alltagskleidung tragen wir alle eine Unterhose.

Die Entscheidung muss jedoch jeder und jede selbst treffen. In der Zwischenzeit wünscht das Norra Haga Party Central-Institut allen noch einen schönen Abend. Zum Wohl!

Die Finnen sind das glücklichste Volk der Welt

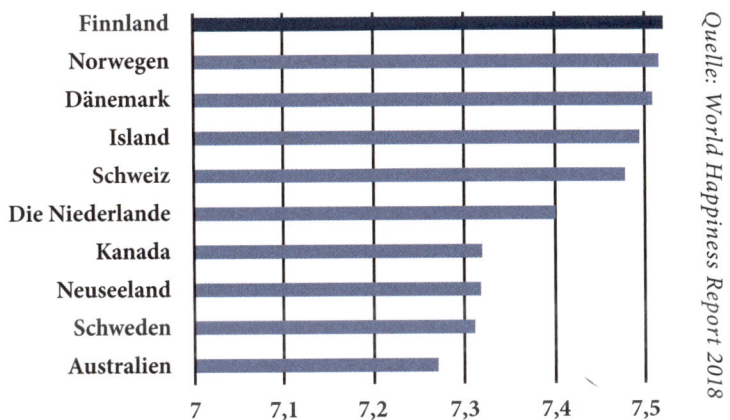

Quelle: World Happiness Report 2018

Danksagung

Der Weg dieses Buches von der verlockenden Idee meiner Lektorin Mirjam Ilvas zum physischen Objekt war das Spaßigste, was ich seit langer Zeit gemacht habe. Der ursprüngliche Gedanke war, eine kleine, leichte Satire über Lifestyle-Ratgeber zu schreiben, aber das Thema hat mich mitgerissen und verwandelte sich in die Analyse der Mindfulness-Philosophie finnischer Prägung. Wir glauben, dass seine besonderen Eigenheiten auch in einem globalen Maßstab ihren Widerhall finden. Und Entschuldigung an die Dänen und Schweden für die kleinen Sticheleien – in Wirklichkeit lieben wir Finnen euch!

Ein großes Dankeschön an die unzähligen Menschen, die mich bei diesem Projekt unterstützt haben – ich kann hier gar nicht alle beim Namen nennen. Die Beiträge von Freunden, Bekannten und auch Unbekannten waren von unschätzbarem Wert und haben meine Arbeitshypothese bestätigt: Kalsarikänni ist etwas, das alle Finnen kennen und von dem alle die gleiche oder zumindest eine ähnliche Vorstellung haben. Hiermit ist das Wesen des finnischen Zen hoffentlich umfassend dokumentiert und dadurch Teil des gemeinsamen nordischen Kulturerbes geworden.

Mein besonderer Dank gilt: meiner Liebsten, Töchterchen und Sohnemann, Janita Cresswell, Taika Dahlbom, Riitta Eronen, Riku Jokinen, Miira Karhula, Teemu Leminen, Esa Lilja, Leena Pallari, Sameli Rantanen, Tuike Rantanen, Jutta Sarhimaa, Jari Sedegren, Merja Tirinen sowie meinen Freunden, Kollegen und den Bekannten aus den sozialen Netzwerken.

Dank auch an alle Experten des guten Lebens beim Verlag S&S, allen voran MI und Johanna Forss, an Urpu Strellman von der Helsinki Literary Agency sowie an Mari Huhtanen vom Grafikstudio Kilda für die hinreißenden Illustrationen und das großartige Cover.

Miska Rantanen ist Direktor des Norra Haga Party Central-Instituts. Er arbeitet seit 50 Jahren an der Analyse der finnischen Kultur.